Jansen/Rüdiger   Systemschnitt I

Jutta Jansen
Claire Rüdiger

Systemschnitt I

Modeschnitte für Röcke, Blusen, Hemden, Kleider, Jacken, Hosen

2., überarbeitete Auflage

Schiele & Schön

Autorinnen

Jutta Jansen
Schnitt-Direktrice

Claire Rüdiger
Musterschnitt-Direktrice

Fachlehrerinnen in der Abteilung Mode
der Berufsfachschule für Fotografie, Grafik
und Mode des Lette-Vereins in Berlin

Lehrbeauftragte für Bekleidungsschnittechnik und -gestaltung
am Fachbereich Design der Hochschule der Künste Berlin

ISBN 3 7949 0576 8

> Die Deutsche Bibliothek – CIP-Einheitsaufnahme
> **Jansen, Jutta:**
> Systemschnitt / Jutta Jansen; Claire Rüdiger. – Berlin: Schiele und Schön.
> NE: Rüdiger, Claire:
> 1. Modeschnitte für Röcke, Blusen, Hemden, Kleider, Jacken, Hosen / [Modezeichn.: Hans-Jürgen Kammer]. – 2., überarb. Aufl. – 1994
> ISBN 3-7949-0576-8

© 1994 Fachverlag Schiele & Schön GmbH
Postfach 610 280, Markgrafenstraße 11, D-10924 Berlin

Alle Rechte, insbesondere das der Übersetzung in fremde Sprachen, vorbehalten. Ohne ausdrückliche Genehmigung des Verlages ist es auch nicht gestattet, dieses Buch oder Teile daraus in irgendeiner Form zu vervielfältigen. Printed in Germany.

Für die in diesem Buch enthaltenen Angaben wird keine Gewähr hinsichtlich der Freiheit von gewerblichen Schutzrechten (Patente, Gebrauchsmuster, Warenzeichen) übernommen. Auch die in diesem Buch wiedergegebenen Gebrauchsnamen, Handelsnamen und Warenbezeichnungen dürfen nicht als frei zur allgemeinen Benutzung im Sinne der Warenzeichen- und Markenschutz-Gesetzgebung betrachtet werden. Die Verletzung dieser Rechte ist im Rahmen der geltenden Gesetze strafbar und verpflichtet zu Schadenersatz.

Modezeichnungen: Hans-Jürgen Kammer
Grafik: Ronald Naumann
Einbandentwurf: Petra Jansen

Satz: H. Hagedorn · Berlin
Druck: Druckerei Gerike GmbH · Berlin
Buchbinderei: H. Stein · Berlin

Vorwort

Jahrelange Erfahrungen im Bekleidungshandwerk, in der Bekleidungsindustrie und als Fachlehrerinnen an einer Modefachschule haben uns veranlaßt, dieses moderne Schnittsystem zu entwickeln.

Im Zeitalter der visuellen Kommunikation wendet es sich in seiner klaren, sachlichen Gliederung und einfachen, leicht verständlichen bildhaften Darstellung an alle, die mit der Gestaltung und Produktion von Mode befaßt sind. Es gibt sowohl dem Schnittmacher in der Industrie als auch Schülern und Studenten der Modefachschulen und Modehochschulen die Möglichkeit, schnell und sicher aus dem Grundschnitt einen Modellschnitt zu erstellen.

Die Besonderheit dieses Lehrbuches für das Herstellen von Grund- und Modellschnitten liegt in seinem visuellen Aufbau. Die einzelnen aufeinanderfolgenden Arbeitsschritte sind bildhaft und leicht nachvollziehbar dargestellt. Erklärende Texte beschränken sich auf das Wesentliche.

Das vorliegende Schnittsystem wurde in der Lehrpraxis mit bestem Erfolg erprobt. Schon nach kurzer Zeit des Studiums waren Modeschüler in der Lage, selbständig Schnitte zu entwickeln.

Mode ist, wie kaum ein anderes Metier, dem kurzfristigen Wandel unterworfen. Das gilt jedoch nicht für die fachlichen Grundlagen dieses Buches.
Entwicklungen und Modetrends kommen und gehen, aber die Konstruktionsgrundlagen für Schnittechnik, die dieses Lehrbuch enthält, bleiben eine dauerhafte Basis.

Jutta Jansen
Claire Rüdiger

Inhaltsverzeichnis

	Seite
Grundschnitte	VIII
Symbole	X
Leitfaden	XI
Abkürzungen	XII

Röcke

	Seite
Das Maßnehmen	2
Grundschnitt	3
Aufgedrehter Rock	4
Sattelrock mit Glocke	5
Rock mit angeschnittenen Godets	6
Bahnenrock mit eingesetzten Godets	7
Rock mit Teilungsnähten	8
Rock mit aufgedrehtem Seitenteil	9
Wickelrock	10
Rock mit Passe und aufgedrehten Falten	11
Rock mit angschnittenem Bund und Kellerfalten	12
Wickelrock mit einseitigen Falten	13
Rock mit Sattel und Kellerfalten	14
Aufgedrehter Rock mit Quetschfalten	15
Einseitiger Faltenrock	16
Glockenrock	18
Wickelrock mit Volant	19
Enger Rock mit Volant	20
Einseitiger Rock mit Volant und Drapierung	22
Variationen Kräuselung	24
Kuppelrock	25
Hosenrock mit Golffalten	27
Hosenrock aus der Glocke	28

Blusen

	Seite
Das Maßnehmen	30
Maßtabellen	31–32
Grundschnitt Bluse	33–35
Ärmelgrundschnitt	36
Ärmel mit Oberarmnaht	37
Klassische Hemdbluse	38
Bluse mit Kräuselweite	40
Bluse mit aufspringenden Taillenabnähern	42
Bluse mit Revers	44
Bluse mit Falten	46
Bluse mit Passenvariation	48
Lange Bluse mit aufgedrehten Falten	50
Bluse mit Kimonoärmel	53
Bluse mit Raglanärmel	54
Bluse mit runder Passe und Kräuselung	56
Bluse mit Stufenvolant	58
Lange Bluse mit geteiltem Rücken	60
Kimonovariation	62

Herrenhemd

	Seite
Grundschnitt	64–65
Klassisches Herrenhemd	66
„Tropenhemd"	68
Herrenhemd mit Chemisette	70

Kleider

	Seite
Das Maßnehmen	74
Maßtabellen	75–76
Grundschnitt Kleid	77–79
Ärmelgrundschnitt	80
Ärmel mit Oberarmnaht	81
Prinzesskleid: 6 Bahnen mit angeschnittenen Godets	82
Wiener Nähte: 8 Bahnen mit angeschnittenen Godets	84
Die Corsage	87
Kleid mit aufgedrehtem Oberteil	89
Kleid mit Blende und aufgedrehtem Vorderteil	90
Gerades Kleid mit runden Passen	92
Oberteil mit Sattel und Schößchen	94
Kleid im Kimonoschnitt	96
Kleid mit Raglanärmel	99
Kleid mit Raglanvariation	103
Kleid mit Faltenpartie	107
Ärmelvariationen	109
Keulenärmel	109
Einseitig drapiertes Kleid	111
Asymmetrisches Kleid	114
„Robe de Cornet"	118
Abendkleid mit drapiertem Rückenausschnitt	121

Jacken

	Seite
Das Maßnehmen	126
Maßtabellen Damen	127–128
Blazergrundschnitt Damen	129–131
Maßtabellen Herren	132–134
Blazergrundschnitt Herren	133–137
Grundaufstellung zweiteiliger Jackenärmel	138–139
Taftschnitt	140–141
Fertige Schnitteile mit Nahtzugaben	142
Reverskonstruktion	144–145
Div. Reversformen	146–147
Blazergrundschnitt mit Seitennaht	148
Grundaufstellung einteiliger Jackenärmel	150
Ärmel mit Oberarmnaht	151
Tief eingestzter Ärmel mit Schulterüberschneidung	152

	Seite		Seite
Blazer mit runden Teilungsnähten	**154**	Kurzes, geknöpftes Oberteil	**209**
Gerader Blazer zweireihig	**156**	Oberteil mit Kräuselung	**211**
Zweireihiger Blazer mit starker Abnäherbetonung	**158**	Wickeloberteil	**215**
		Oberteil mit Wasserfall	**219**
Jacke mit Querteilungsnähten	**160**	Weste	**221**
Kurze Jacke	**162**		
Schalkragenkonstruktion	**165**	Größentabelle Damen	**236**
Jacke mit Schalkragen und Raglanärmel	**167**	Größentabelle Herren	**237**
Jacke ohne Seitennähte	**171**		
Kurze Jacke mit Schalkragen und angeschnittenem Ärmel	**174**	Stichwortverzeichnis	**238**
Langer Blouson mit tief eingesetzten Ärmeln	**176**		
Jacke mit Ballonärmeln	**179**		
Jacke mit angeschnittenen Ärmeln und großem Kragen	**182**		
Jacke mit Raglanärmel und glockigem Vorderteil	**187**		

Hosen

Das Maßnehmen	**192**
Grundschnitt Damenhose	**194–195**
Grundschnitt Herrenhose	**196–197**
Fertige Schnitteile mit Nahtzugaben	**198**
Hose im Jeansstil	**199**
Bundfaltenhose	**200**
Weite Bundfaltenhose mit Aufschlag	**201**
Hose mit angeschnittenem Bund	**202**
Hose mit Teilungsnähten	**203**
Hose in Karottenform	**204**
Weite Hose mit Sattel	**206**
Weite Hüfthose	**208**
Hose mit angeschnittenem Bündchen und aufspringenden Falten	**210**
Hose mit seitlich tief eingelegter Falte	**212**
Weite Hose mit tiefen Falten	**214**
Hose mit seitlicher Drapierung	**216**
Shorts	**218**
Bermudas	**220**
Pumphose ¾ lang	**222**
„Reiterhose"	**224**
Overall mit Kellerfalten	**226**
Overall mit Passe	**228**
Overall mit Schalkragen	**230**
Herrenoverall mit Kapuze	**232**
Kapuzen	**235**

Oberteile

Oberteil mit überschnittener Schulter	**205**
Oberteil mit aufgedrehter Saumweite	**207**

Grundschnitte

1. Um Modellschnitte für Bekleidung herzustellen, wird ein Grundschnitt benötigt.

2. Dieser Grundschnitt dient als „Werkzeug", d.h. der Grundschnitt ist immer die Voraussetzung für die Erstellung von Modellschnitten.

3. Der Grundschnitt ist ein Basismodell vom Körper mit sämtlichen notwendigen Abnähern, um Brust, Schulter, Taille und Hüfte zu formen, aber ohne jegliches modisches Detail.

4. Der Grundschnitt stellt die optimale Umhüllung des Körpers mit entsprechenden Bewegungszugaben dar.

5. Da der Grundschnitt die Ausgangsform für alle Bekleidungsstücke bildet, sind zu jedem Kapitel Konstruktionen für Grundschnitte vorangestellt.

6. Darstellungen mit Anleitungen zum Maßnehmen begleiten die Grundschnitte: denn ungenaues Maßnehmen führt zu einem fehlerhaften Grundschnitt mit schlechter Paßform.

7. Maßgenommen wird immer ohne Oberbekleidung.

8. Es muß fester Stoff (z.B. Nessel) zum Anprobieren von Grundschnitten verwendet werden.

9. Die Grundschnitte können nach individuellen Maßen oder nach Maßtabellen der Bekleidungsindustrie hergestellt werden.

Größentabelle Damen Seite 236
Größentabelle Herren Seite 237

Grundschnitte

Achtung: Grundschnitte werden immer von der hinteren zur vorderen Mitte konstruiert!
Ausnahme: die Hose

Rockgrundschnitt Seite 2–3

Blusengrundschnitt Seite 30–37

Hemdgrundschnitt Seite 64–65

Kleidergrundschnitt Seite 74–81

Jackengrundschnitt Damen Seite 126–131, 138–139

Blazergrundschnitt Herren Seite 132–137, 138–139

Hosengrundschnitt Damen Seite 192, 194–195

Hosengrundschnitt Herren Seite 192, 196–197

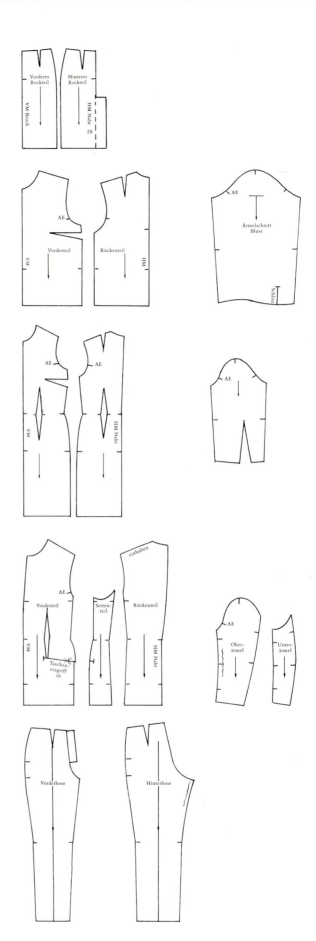

Symbole

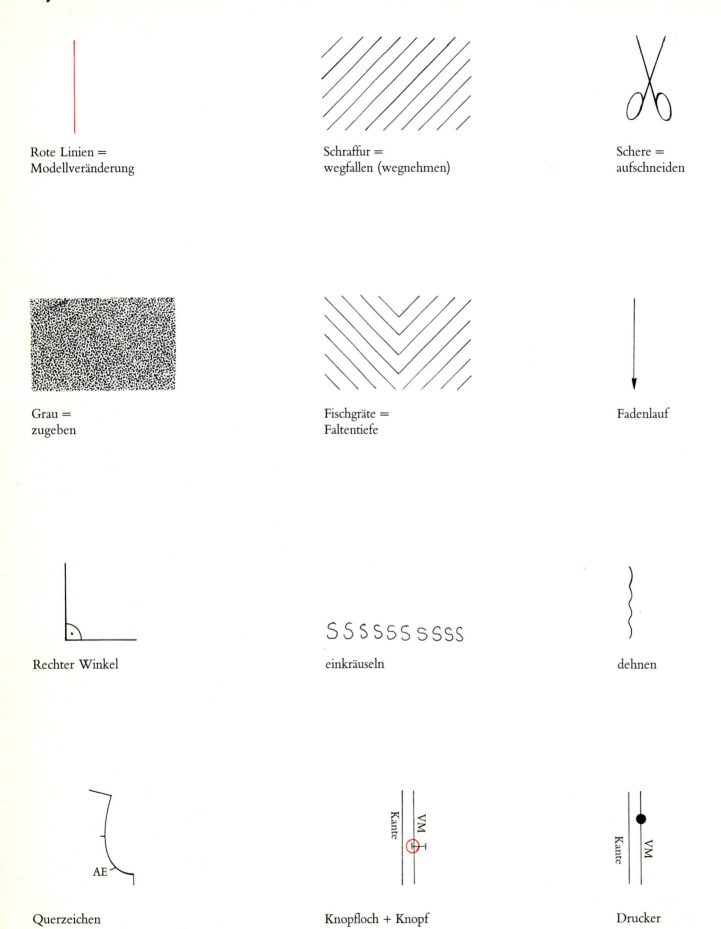

Rote Linien = Modellveränderung

Schraffur = wegfallen (wegnehmen)

Schere = aufschneiden

Grau = zugeben

Fischgräte = Faltentiefe

Fadenlauf

Rechter Winkel

einkräuseln

dehnen

Querzeichen

Knopfloch + Knopf

Drucker

X

Gütermann
Kreativ

Wer heute die Mode von morgen bestimmt, braucht zuverlässige Partner, die vorgegebene Ziele individuell, schnell und flexibel umsetzen. Kreativität ist gefragt, damit die Visionen von morgen heute Realität werden können.
Der Faden für jede Naht heißt Gütermann – ganz gleich, welchen Anspruch Sie auch stellen.

Fordern Sie von Gütermann den Beweis!

Gütermann & Co. · Postfach 20 · D-79259 Gutach-Breisgau
Telefon 07681/21-0 · Telefax 07681/21449 · Telex 772301

Leitfaden

Am Beispiel eines Rockschnittes wird der Weg vom Grundschnitt zum Modellschnitt demonstriert. Für die entsprechenden Arbeitsgänge werden bestimmte Symbole benutzt, siehe Seite X Die Zahlen bedeuten Angaben in cm!

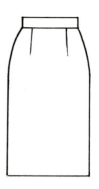

Rockgrundschnitt: vorn und hinten jeweils 2 Abnäher

Modellschnitt: seitlich ausgestellter Rock mit Kellerfalten im Vorder- und Rückenteil

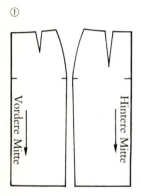

Der Grundschnitt erscheint immer in Schwarz.

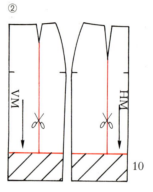

Linien für die Modellveränderungen werden in Rot markiert. Werden Teile kürzer oder enger als der Grundschnitt, wird das mit Schraffur = wegfallen gekennzeichnet. Bei deisem Beispiel wird der Rock um 10 cm gekürzt.

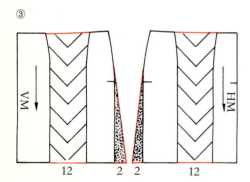

Die mit der Schere gekennzeichneten roten Linien, siehe Abb. 2, werden aufgeschnitten. Beide Rockteile, vorne und hinten, werden jeweils 12 cm auseinandergelegt = Weitenzugaben für die Falten, siehe Skizze. Die Schnitteile werden wieder verbunden = rote Linie. Seitlich wird der Rock ausgestellt, hier 2 cm, Rot gekennzeichnet und mit Grau = Zugabe am Schnitt markiert.

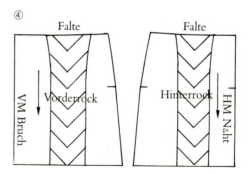

Der fertige Modellschnitt wird immer mit dem Fadenlauf, mit Querzeichen und entsprechender Beschriftung versehen.
Achtung: Querzeichen sind wichtige Orientierungshilfen beim Zusammennähen der Nähte.
Achtung: Ein Pfeil gibt die Fadenlauf- oder Strichrichtung an, er läuft immer parallel zur Webekante.

DAS BRANCHEN·MAGAZIN

...hält Sie zweimal im Monat auf dem laufenden.

*...dokumentiert und informiert
aus Technik, Wissenschaft, Mode und Wirtschaft
der HAKA, DOB, BESPO,
Herren- und Damenwäscheindustrie,
Miederwarenindustrie, Uniformindustrie.*

*...unentbehrlich für alle, die im Branchenwissen
eine Nasenlänge voraus sein wollen.*

*Wer BW noch nicht kennt, sollte
ein kostenloses Probeheft anfordern.
Am besten sofort.*

*Studenten erhalten BW zum stark ermäßigten
Sonderpreis.*

*„BEKLEIDUNG wear"
40196 Düsseldorf*

Abkürzungen

Rock, Bluse, Hemd, Kleid, Jacke:

Ow	=	Oberweite
Tw	=	Taillenweite
Hw	=	Hüftweite
Älg	=	Ärmellänge
Äsw	=	Ärmelsaumweite
Rh	=	Rückenhöhe
Rl	=	Rückenlänge
Ht	=	Hüfttiefe
Lg	=	Länge
Hs	=	Halsspiegelbreite
Vl	=	Vordere Länge
Bt	=	Brusttiefe
Sch	=	Schulterbreite
Rb	=	Rückenbreite
Ad	=	Armlochdurchmesser
Bb	=	Brustbreite
VM	=	Vordere Mitte
HM	=	Hintere Mitte
v	=	vorne
h	=	hinten

Ärmel:

Ah	=	Armlochhöhe
Umf	=	Armlochumfang
Ad	=	Armlochdurchmesser
Älg	=	Ärmellänge
Äsw	=	Ärmelsaumweite
Mw	=	Manschettenweite
Kh	=	Kugelhöhe
AE	=	Ärmeleinsatzzeichen = besondere Form des Querzeichens um das genaue Einsetzen des Ärmels zu erreichen

Hose:

Tw	=	Taillenweite
Hw	=	Hüftweite
Kw	=	Knieweite
Fw	=	Fußweite
Sl	=	Seitenlänge
Sh	=	Sitzhöhe
Gr.	=	Größe
./.	=	minus
gem	=	gemessen

Das Maßnehmen (ohne Oberbekleidung)

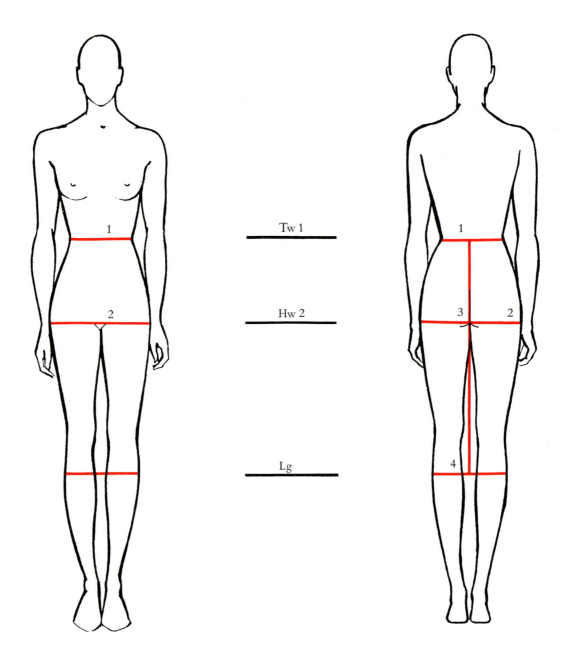

1 = Tw – Taillenweite
2 = Hw – Hüftweite
1–3 = Ht – Hüfttiefe = stärkste Stelle messen
1–4 = Lg – Länge nach Mode und Geschmack

	Maße Gr. 38	Maße Gr.
Tw – Taillenweite	Tw 68 + 2*	Tw
Hw – Hüftweite	Hw 94 + 4*	Hw
Ht – Hüfttiefe	Ht 20	Ht
Lg – Länge	Lg 65	Lg

* = Zugabe für Bewegungsweite

Achtung: bei großer Differenz zwischen Taillenweite und Hüftweite (schmale Taille, starke Hüfte), empfiehlt sich ein zweiter Abnäher im hinteren Rockteil. Im Vorderrock kann auf Abnäher verzichtet werden, und die Weite kann in Fältchen gelegt werden.

Gerader Rockgrundschnitt Gr. 38

① Grundgerüst Rockschnitt
  A–B = Ht (Hüfttiefe) 20 cm
  A–C = Lg (Rocklänge) 65 cm
  B–Ba = ½ Hw + 2 cm Bewegungsweite 49 cm
  B–Bb = ¼ Hw + 1 cm Bewegungsweite 24,5 cm
  Linien auswinkeln, siehe Skizze.

② A–Aa Strecke ausmessen, ½ Tw + 1 cm Bewegungsweite (35 cm) abziehen, ergibt Betrag für Abnäher und seitliche Taillierung.
  Beispiel: 49 ./. 35 = 14 cm
  Diese 14 cm aufteilen siehe Skizze:
  Vorderer Abnäher 2 cm
  Seitliche Taillierung 9 cm
  Hinterer Abnäher 3 cm

Achtung: Taillierung an der Seitennaht für Hüftrundung 1 cm hochstellen und im schönen Verlauf zur Grundlinie einzeichnen, siehe Skizze.

③ Fertiges vorderes Rockteil
④ Fertiges hinteres Rockteil. In der hinteren Mitte (HM) ist bei diesem Beispiel eine Gehfalte angezeichnet.

Achtung: Die Schnitteile auf vollständige Beschriftung, Fadenlauf und Querzeichen kontrollieren!

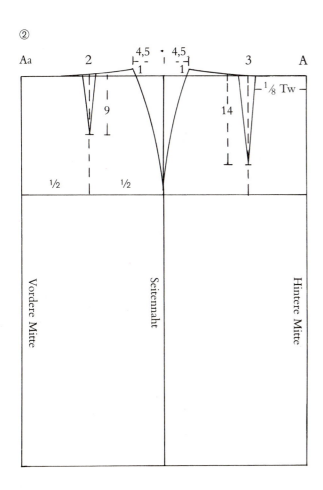

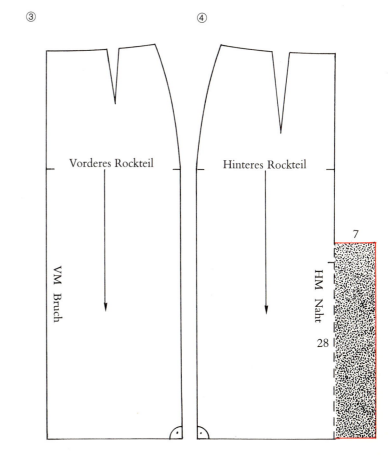

Aufgedrehter Rock

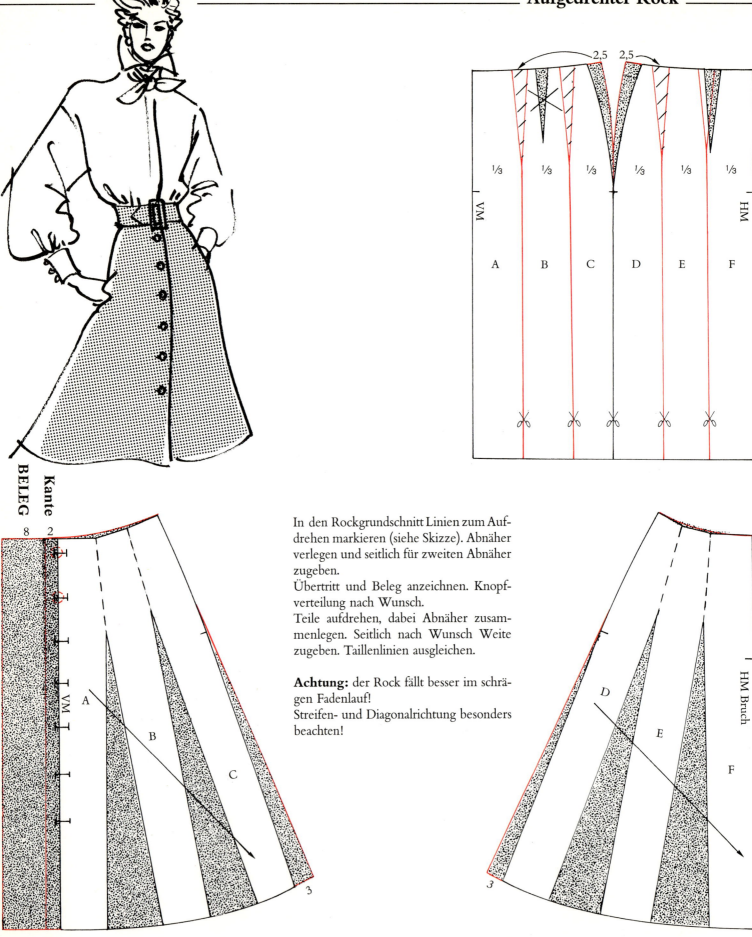

In den Rockgrundschnitt Linien zum Aufdrehen markieren (siehe Skizze). Abnäher verlegen und seitlich für zweiten Abnäher zugeben.
Übertritt und Beleg anzeichnen. Knopfverteilung nach Wunsch.
Teile aufdrehen, dabei Abnäher zusammenlegen. Seitlich nach Wunsch Weite zugeben. Taillenlinien ausgleichen.

Achtung: der Rock fällt besser im schrägen Fadenlauf!
Streifen- und Diagonalrichtung besonders beachten!

Sattelrock mit Glocke

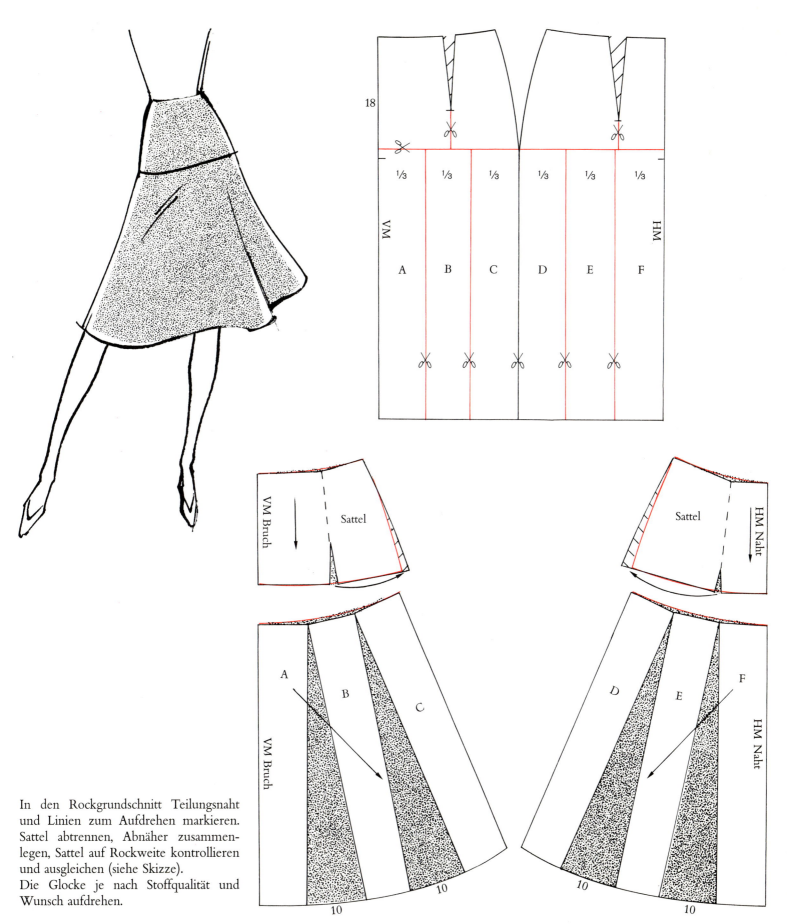

In den Rockgrundschnitt Teilungsnaht und Linien zum Aufdrehen markieren. Sattel abtrennen, Abnäher zusammenlegen, Sattel auf Rockweite kontrollieren und ausgleichen (siehe Skizze).
Die Glocke je nach Stoffqualität und Wunsch aufdrehen.

Enger Rock mit angeschnittenen Godets

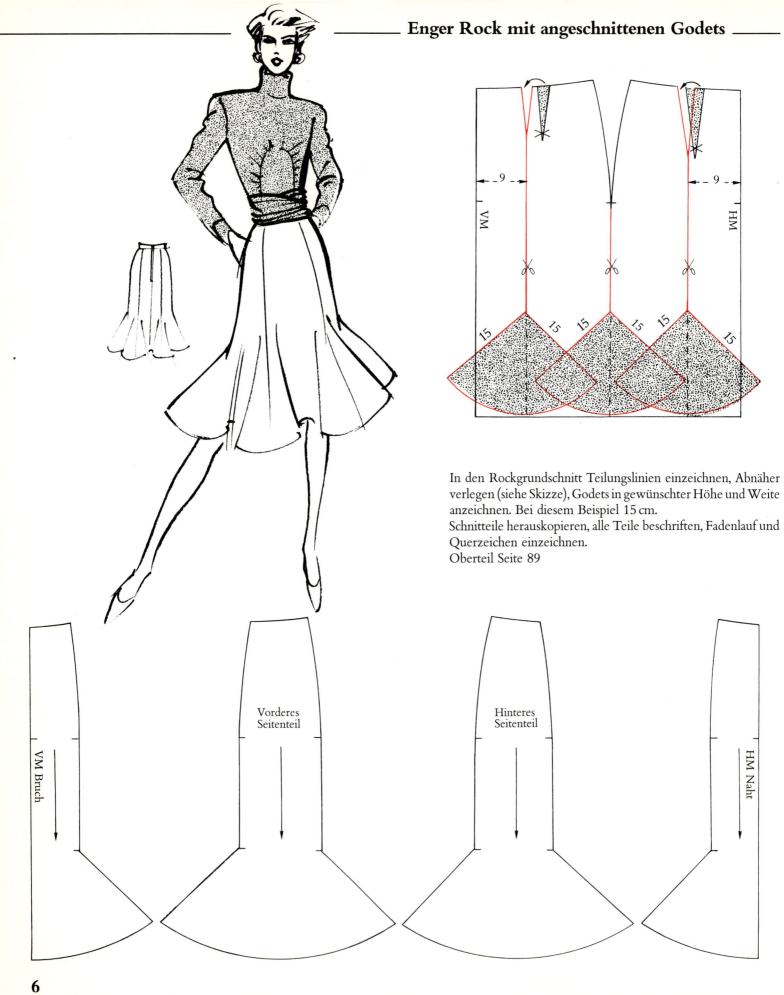

In den Rockgrundschnitt Teilungslinien einzeichnen, Abnäher verlegen (siehe Skizze), Godets in gewünschter Höhe und Weite anzeichnen. Bei diesem Beispiel 15 cm.
Schnitteile herauskopieren, alle Teile beschriften, Fadenlauf und Querzeichen einzeichnen.
Oberteil Seite 89

Bahnenrock mit eingesetzten Godets

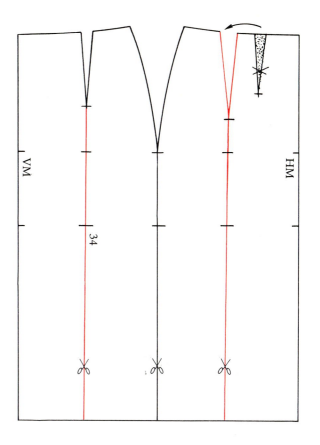

In den Rockgrundschnitt Teilungslinien einzeichnen. Rocklänge und Höhe der Godets nach Wunsch.
Abnäher in die Teilungsnaht verlegen. Fertige Schnitteile beschriften. Godets in gewünschter Weite (je nach Stoffqualität) zeichnen.

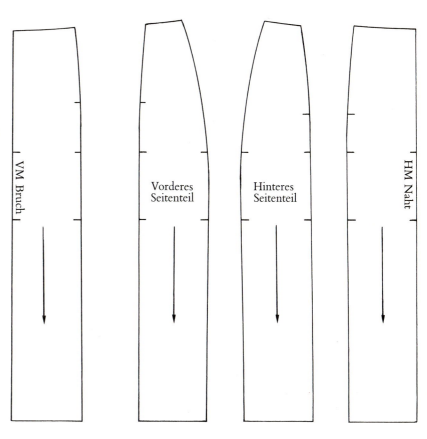

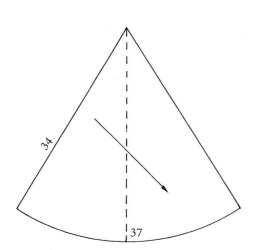

Rock mit Teilungsnähten und Saumerweiterung

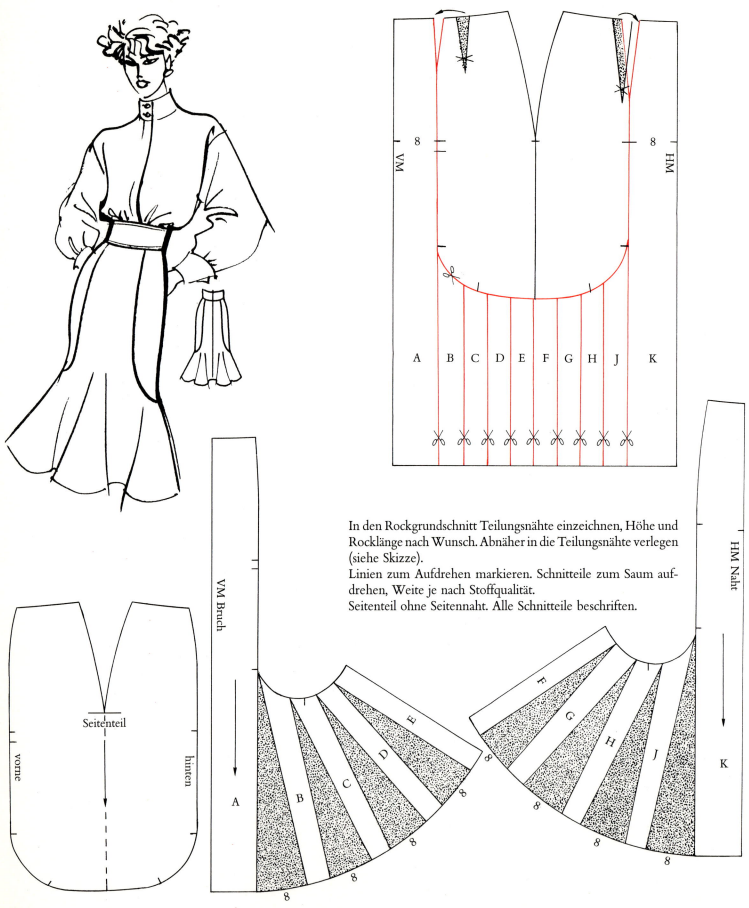

In den Rockgrundschnitt Teilungsnähte einzeichnen, Höhe und Rocklänge nach Wunsch. Abnäher in die Teilungsnähte verlegen (siehe Skizze).
Linien zum Aufdrehen markieren. Schnitteile zum Saum aufdrehen, Weite je nach Stoffqualität.
Seitenteil ohne Seitennaht. Alle Schnitteile beschriften.

Rock mit aufgedrehtem Seitenteil und HM angeschnittenem Godet

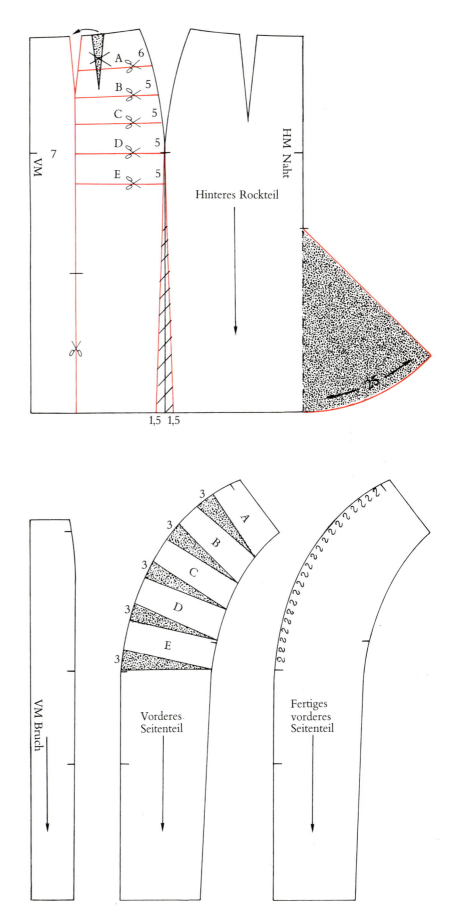

In den vorderen Rockgrundschnitt Teilungsnaht einzeichnen, Abnäher in die Teilungsnaht verlegen.
Rockschnitt seitlich zum Saum enger stellen. Linien zum Aufdrehen markieren. In der HM Godet in gewünschter Höhe und Weite anzeichnen. Seitenteil je nach Stoffqualität aufdrehen (1 ½ bis 2 fache Kräuselweite).
Fertige Schnitteile beschriften.

Wickelrock

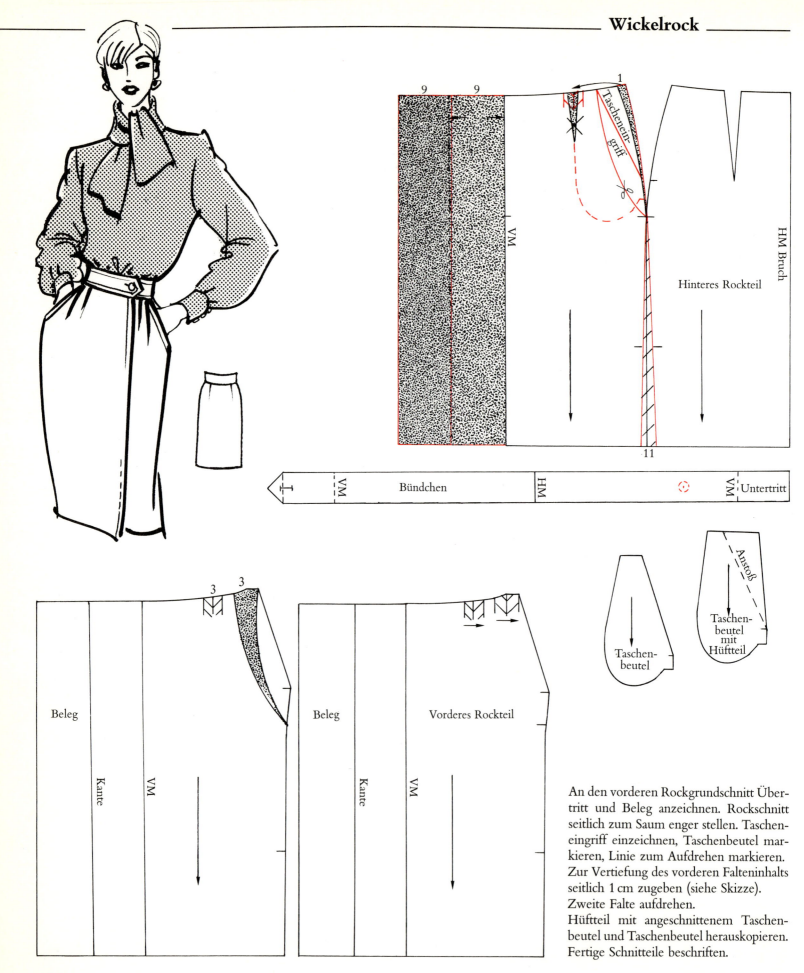

An den vorderen Rockgrundschnitt Übertritt und Beleg anzeichnen. Rockschnitt seitlich zum Saum enger stellen. Tascheneingriff einzeichnen, Taschenbeutel markieren, Linie zum Aufdrehen markieren. Zur Vertiefung des vorderen Falteninhalts seitlich 1 cm zugeben (siehe Skizze).
Zweite Falte aufdrehen.
Hüftteil mit angeschnittenem Taschenbeutel und Taschenbeutel herauskopieren.
Fertige Schnitteile beschriften.

Rock mit Passe und aufgedrehten Falten

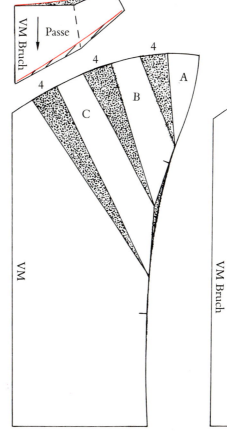

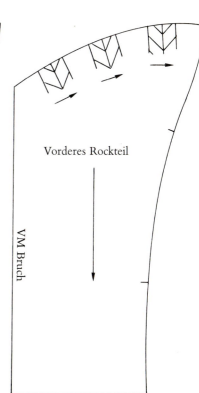

Im vorderen Rockgrundschnitt Teilungsnaht für die Passe einzeichnen und Linien zum Aufdrehen für die Falten markieren. Rockschnitt seitlich zum Saum enger stellen. HM Falte anzeichnen.
Im Passenteil Abnäher zusammenlegen und ausgleichen.
Vorderes Rockteil aufdrehen, die Faltentiefe richtet sich nach der Stoffqualität. Seitennaht ausgleichen.
Fertige Schnitteile beschriften.

Rock mit angeschnittenem Bund und 4 Kellerfalten

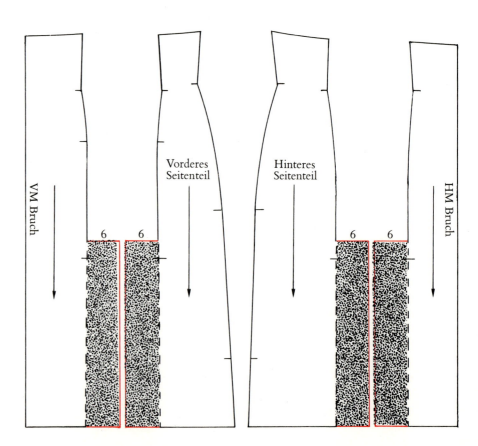

Im Rockgrundschnitt Teilungsnähte einzeichnen, Bund in gewünschter Höhe anzeichnen.
Achtung: Oberen Rand auf Körpermaß bringen.
Faltenhöhe nach Wunsch markieren. Rock seitlich zum Saum ausstellen.
Faltentiefe und Faltenboden zeichnen.
Beleg für den angschnittenen Bund herauskopieren. Abnäher zusammenlegen und ausgleichen (siehe Skizze).

Wickelrock mit einseitigen Falten

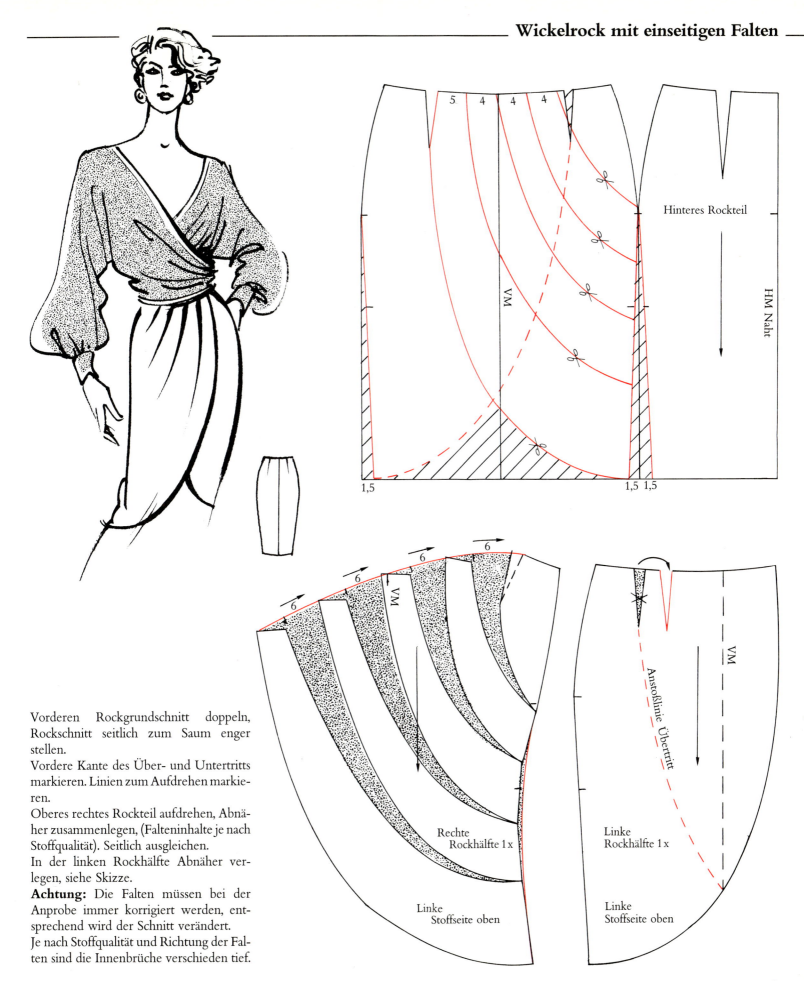

Vorderen Rockgrundschnitt doppeln, Rockschnitt seitlich zum Saum enger stellen.
Vordere Kante des Über- und Untertritts markieren. Linien zum Aufdrehen markieren.
Oberes rechtes Rockteil aufdrehen, Abnäher zusammenlegen, (Falteninhalte je nach Stoffqualität). Seitlich ausgleichen.
In der linken Rockhälfte Abnäher verlegen, siehe Skizze.
Achtung: Die Falten müssen bei der Anprobe immer korrigiert werden, entsprechend wird der Schnitt verändert.
Je nach Stoffqualität und Richtung der Falten sind die Innenbrüche verschieden tief.

Rock mit Sattel und Kellerfalten

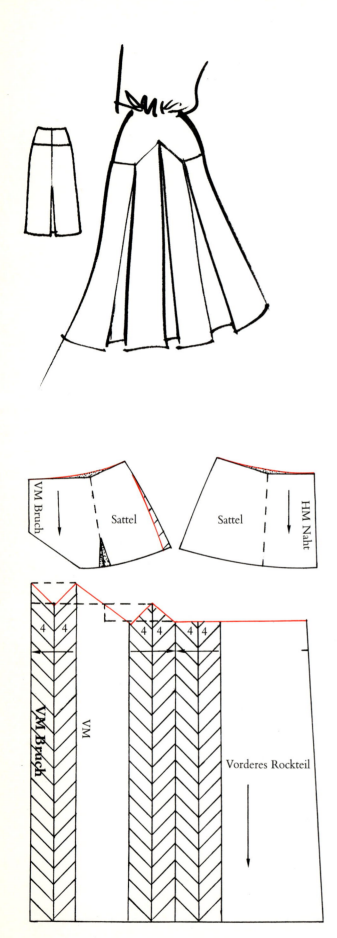

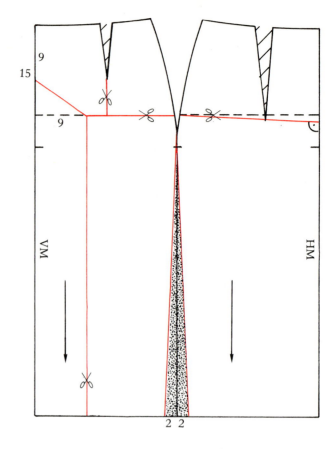

In den Rockgrundschnitt Teilungsnähte für den Sattel und Teilungslinien für die Falten einzeichnen. Rock seitlich zum Saum ausstellen.
Für den vorderen Sattel Abnäher zusammenlegen, seitlich und in der Taille ausgleichen (siehe Skizze). Für den hinteren Sattel Abnäher zusammenlegen und Taillenlinie ausgleichen.
Falteninhalte je nach Stoffqualität anzeichnen.
HM Falte anzeichnen und Faltenboden zeichnen.

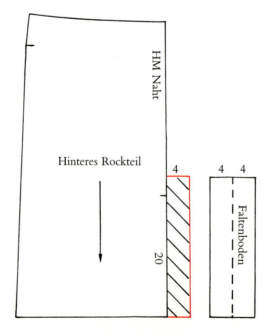

Aufgedrehter Rock mit Quetschfalten

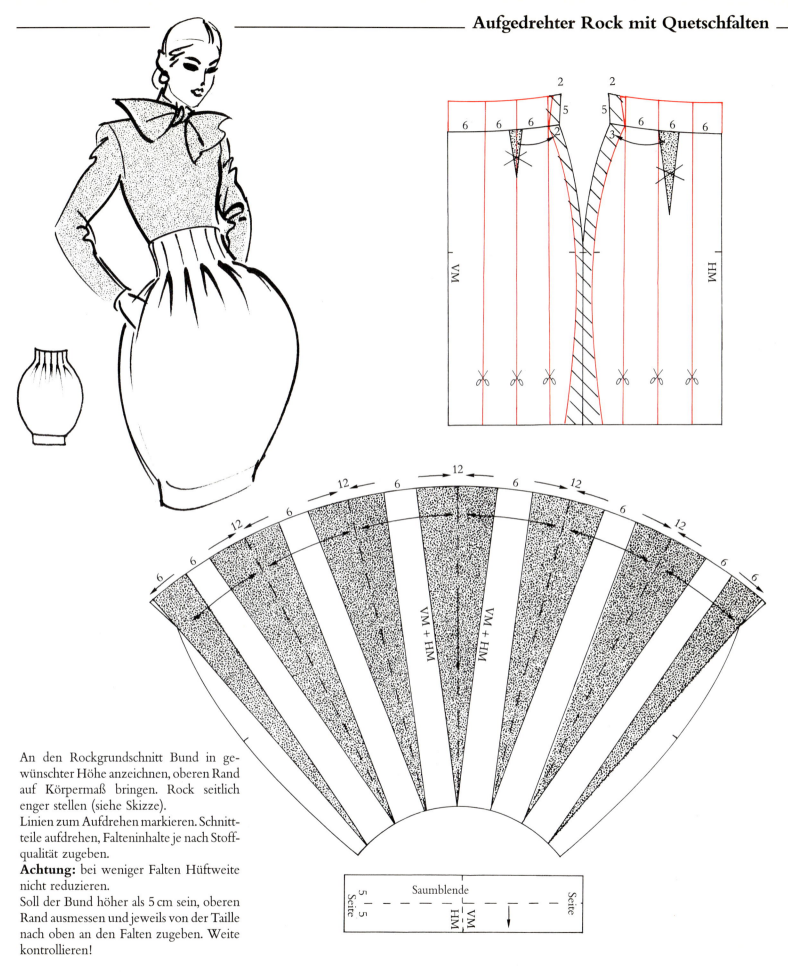

An den Rockgrundschnitt Bund in gewünschter Höhe anzeichnen, oberen Rand auf Körpermaß bringen. Rock seitlich enger stellen (siehe Skizze).
Linien zum Aufdrehen markieren. Schnittteile aufdrehen, Falteninhalte je nach Stoffqualität zugeben.
Achtung: bei weniger Falten Hüftweite nicht reduzieren.
Soll der Bund höher als 5 cm sein, oberen Rand ausmessen und jeweils von der Taille nach oben an den Falten zugeben. Weite kontrollieren!

Einseitiger Faltenrock ohne Seitennaht

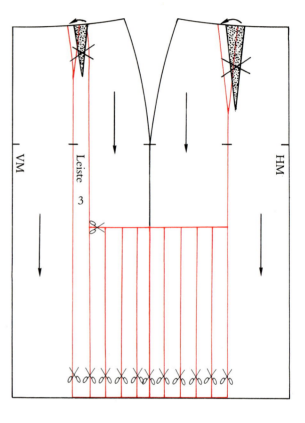

Im Rockgrundschnitt Knopfleiste, Teilungsnaht und Falten einzeichnen. Faltenbreite und Höhe nach Wunsch markieren. Abnäher in die Teilungsnähte verlegen.

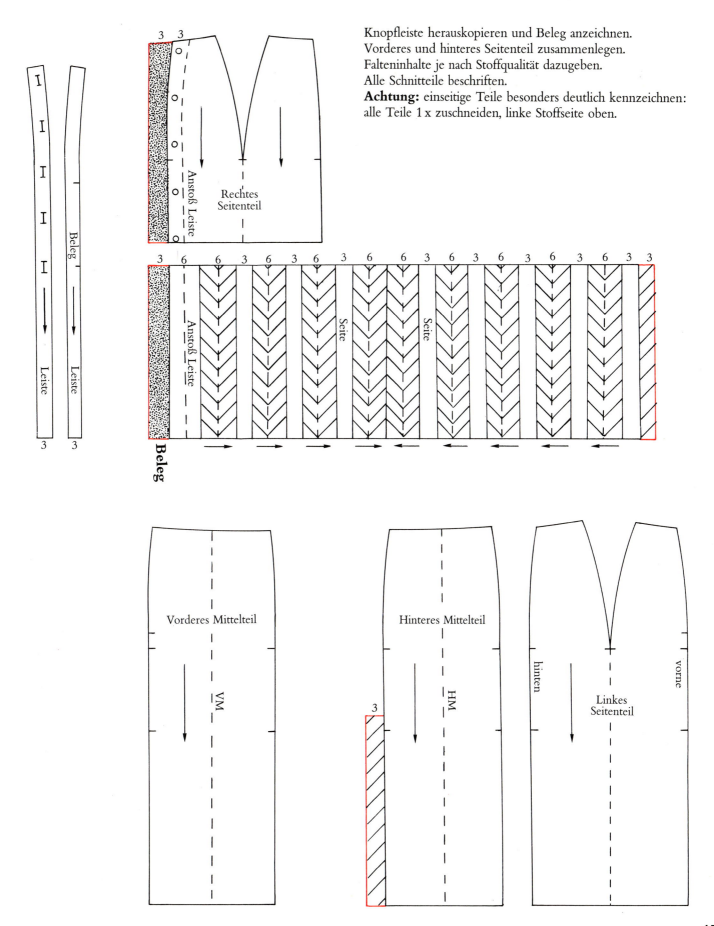

Knopfleiste herauskopieren und Beleg anzeichnen.
Vorderes und hinteres Seitenteil zusammenlegen.
Falteninhalte je nach Stoffqualität dazugeben.
Alle Schnitteile beschriften.
Achtung: einseitige Teile besonders deutlich kennzeichnen:
alle Teile 1 x zuschneiden, linke Stoffseite oben.

Glockenrock

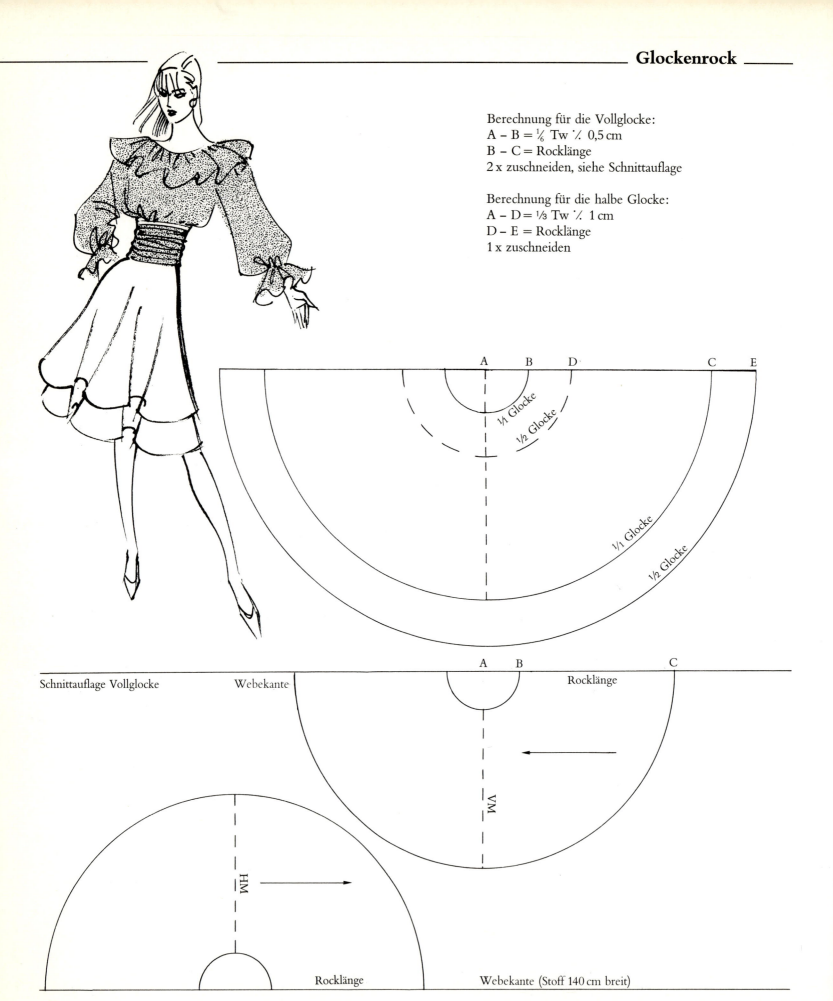

Berechnung für die Vollglocke:
A – B = ⅙ Tw ∕ 0,5 cm
B – C = Rocklänge
2 x zuschneiden, siehe Schnittauflage

Berechnung für die halbe Glocke:
A – D = ⅓ Tw ∕ 1 cm
D – E = Rocklänge
1 x zuschneiden

Schnittauflage Vollglocke Webekante Rocklänge

Rocklänge Webekante (Stoff 140 cm breit)

Wickelrock mit Volant

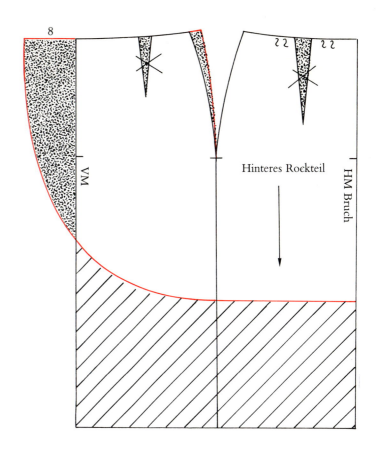

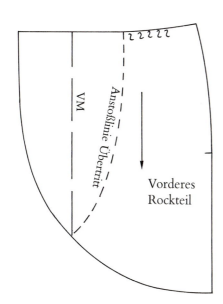

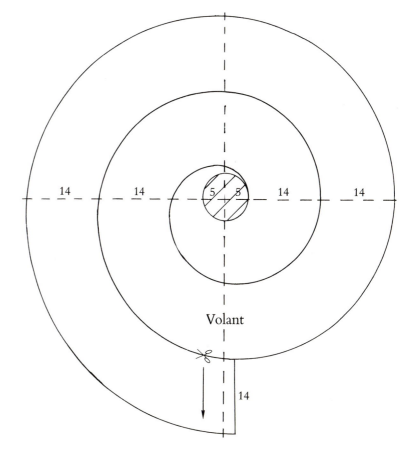

An den vorderen Rockgrundschnitt Übertritt anzeichnen, Bogen und Rocklänge nach Wunsch.
Die Abnäher fallen weg, für zusätzliche Kräuselweite seitlich zugeben (siehe Skizze).
Fertige Schnitteile beschriften.
Spirale für den Volant, Breite nach Wunsch. Ansatzstrecke ausmessen, Länge danach bestimmen.

Enger Rock mit Volant

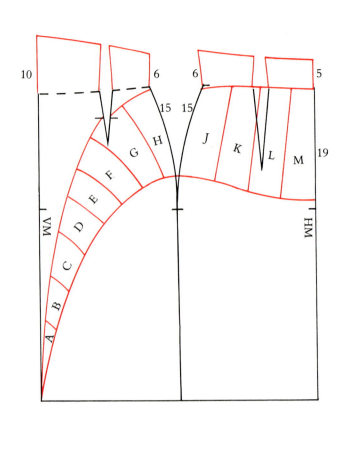

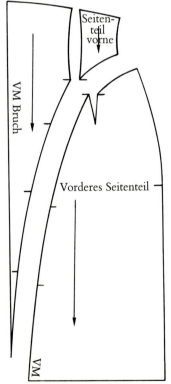
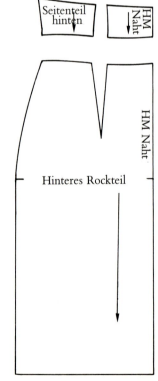

An den Rockgrundschnitt Bund in gewünschter Höhe anzeichnen.
Achtung: oberen Rand auf Körpermaß bringen.
Teilungsnaht und Volantbreite einzeichnen, Linien zum Aufdrehen markieren.
Fertige Schnitteile beschriften.

Volantteile herauskopieren.
Volantteile wie Skizze aufdrehen und die Teile seitlich zusammenlegen. Über der Hüfte und hinten wird gekräuselt.

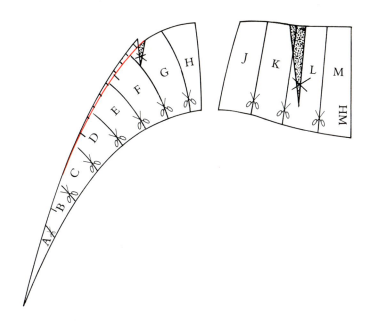

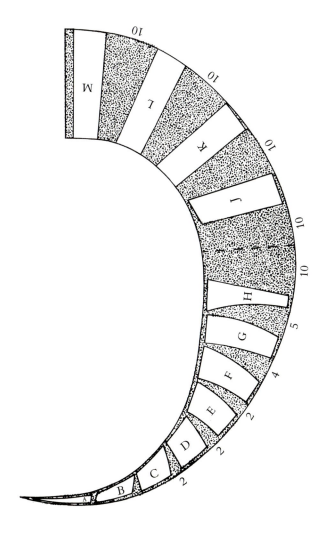

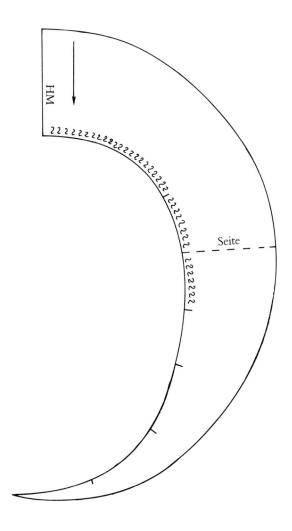

Einseitiger Rock mit Volant und Drapierung

An den Rockgrundschnitt Bund in gewünschter Höhe anzeichnen.

Achtung: Oberen Rand auf Körpermaß bringen!
Linien für Teilungsnaht markieren. Diese Rockteile ergeben den Unterbau für die Drapierung.
Ausgehend von dem Unterbau für die Drapierung Abnäher seitlich wegzeichnen, je nach Dehnbarkeit des Stoffes 1 bis 2 cm an der Seitennaht wegnehmen.
Je nach Stoffqualität gibt man die 2 bis 3fache Länge zum Drapieren dazu.

Achtung: Teile zum Drapieren werden grundsätzlich im schrägen Fadenlauf zugeschnitten.
Bei diesem Beispiel ist die Drapierung asymmetrisch.

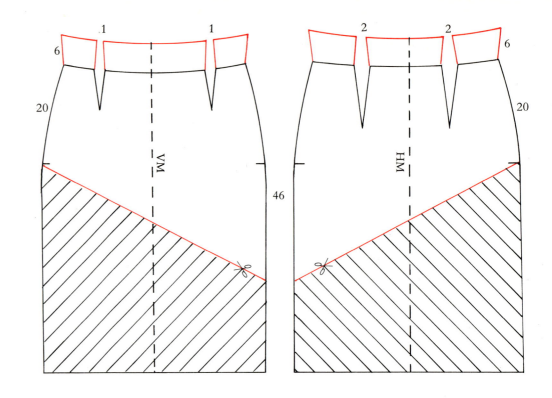

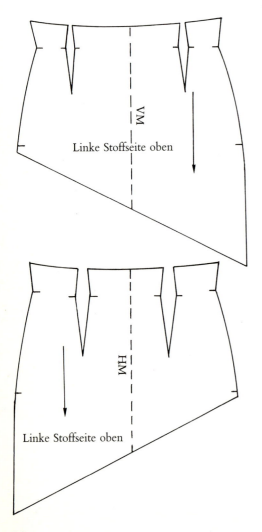

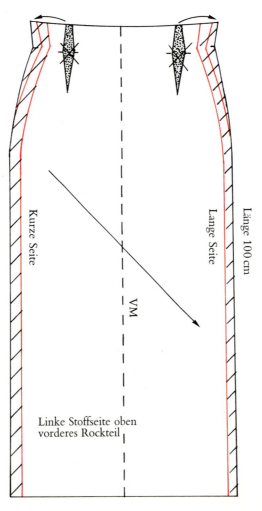

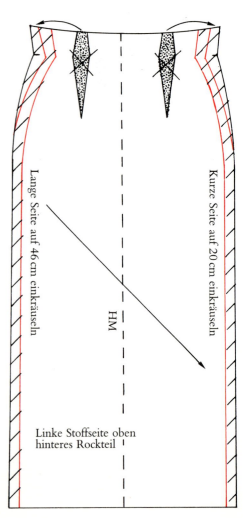

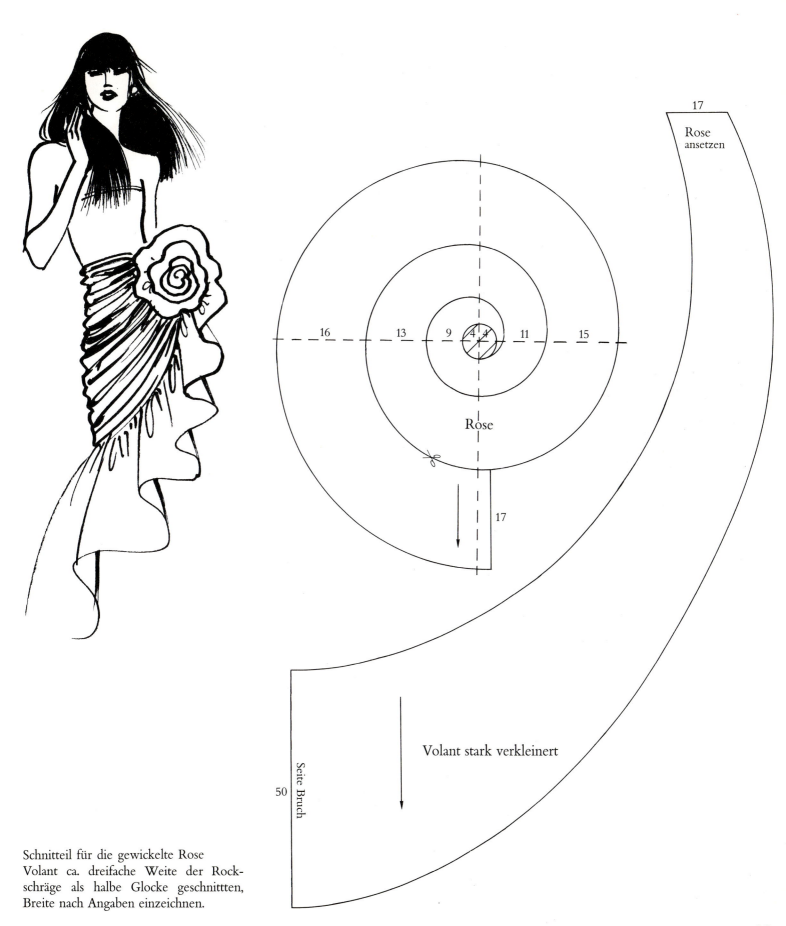

Schnitteil für die gewickelte Rose
Volant ca. dreifache Weite der Rockschräge als halbe Glocke geschnittten, Breite nach Angaben einzeichnen.

Variationen zum Thema Kräuselung aus geraden Bahnen

Kräuselungen
3–4fache Rockweite

3 Stufenrock
Je nach Stoffqualität und Modell geht man in der Regel von folgender Berechnung aus:
1. Stufe = eine Stoffbreite (1,40 m)
2. Stufe = zwei Stoffbreiten (2,80 m)
3. Stufe = drei Stoffbreiten (4,20 m)

Ober- und Unterstufe = 2 Rockbahnen 1,40 m breit
Untere Stufe bei dicken Stoffen an Taftunterrock ansetzen.

Jede Stufe die 3fache Weite des Rockes.

Kuppelrock

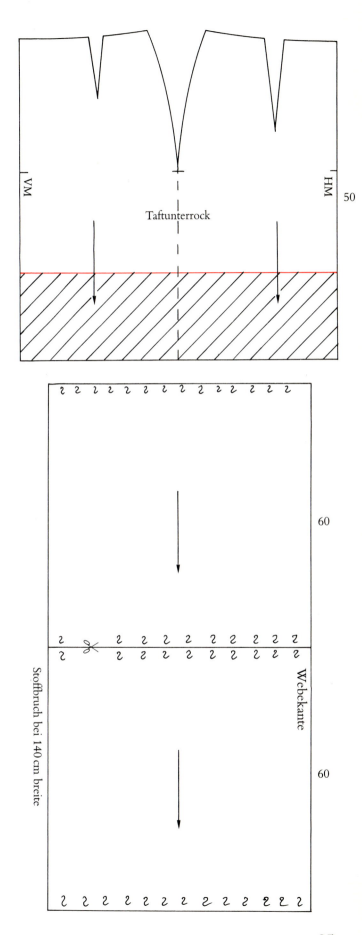

Taftunterrock 10 cm kürzer schneiden als die fertige Länge des Rockes.

Je nach Stoffqualität, 2 Bahnen, 140 cm breit, oder mehr zuschneiden.

Oben wird der Rock auf Taillenweite und unten auf die Weite des Taftrockes gekräuselt und angenäht.

Der Rock kann mit oder ohne Blende am Saum gearbeitet werden.

Hosenrock mit Kellerfalten (Golffalten)

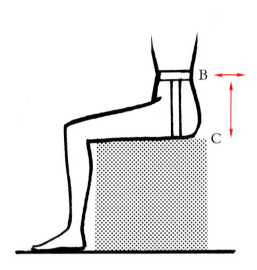

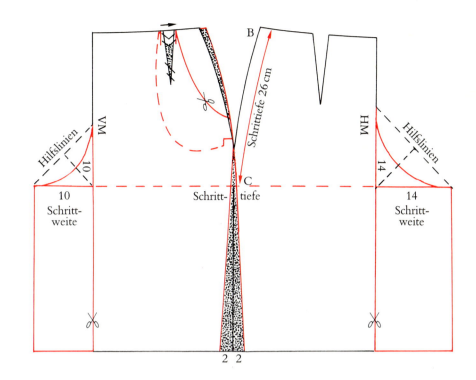

Schrittiefe gemessen B–C = 26 cm
Schrittweite = Gr. 36 + 38 = v. 10 cm   h. 14 cm
             Gr. 40 + 42 = v. 10,5 cm   h. 14,5 cm
             Gr. 44 + 46 = v. 11 cm   h. 15 cm

In den vorderen Rockgrundschnitt Tascheneingriff einzeichnen, Taschenbeutel markieren.
Schrittiefe einzeichnen, Schrittweite anzeichnen (siehe Skizze).
Hosenrock seitlich ausstellen.
Teilungslinien für Falten aufschneiden und nach Wunsch Falteninhalt zugeben.
Hüftteil mit angeschnittenem Taschenbeutel und Taschenbeutel herauskopieren.

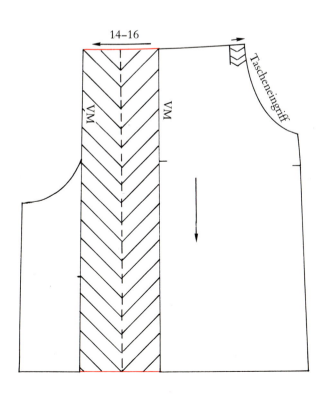

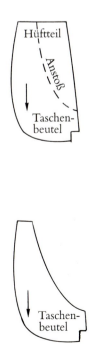

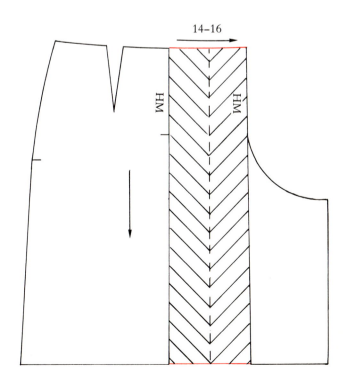

Hosenrock aus der Glocke

Für diese Aufstellung liegt die Berechnung für die halbe Glocke zugrunde, denn jedes Hosenbein besteht aus einer viertel Glocke.

Berechnung:
A – B = ⅓ Tw ./. 1 cm
B – C = Schrittiefe 26 cm
B – D = Rocklänge
C – E = Schrittweite

Schrittweite = Gr. 36 + 38 = v. 10   cm   h. 14   cm
Gr. 40 + 42 = v. 10,5 cm   h. 14,5 cm
Gr. 44 + 46 = v. 11   cm   h. 15   cm

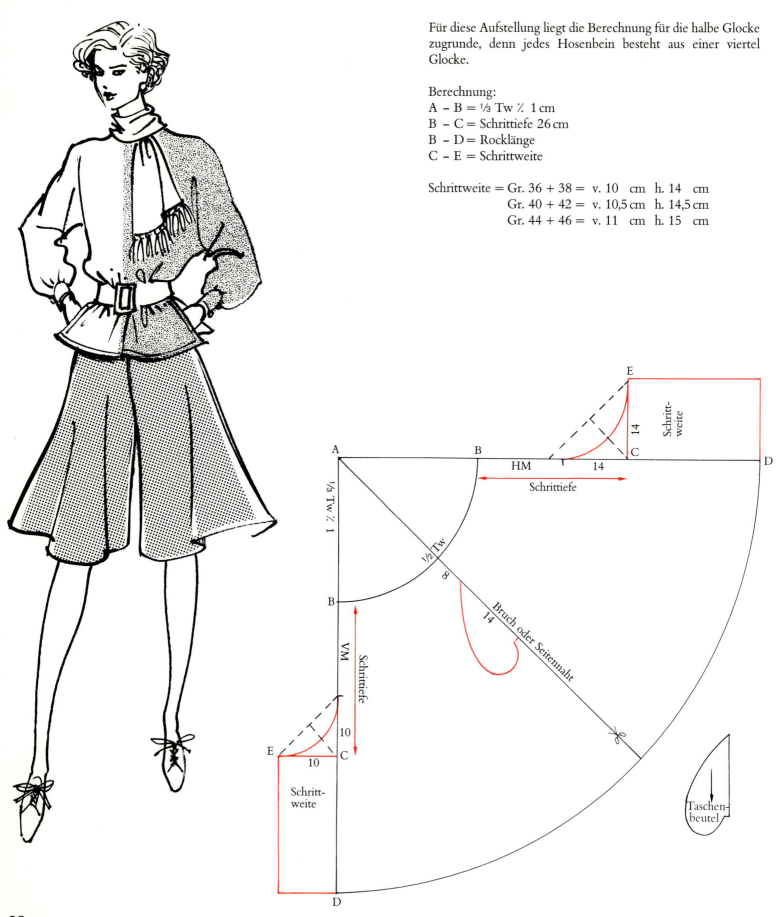

Blusen

Das Maßnehmen (ohne Oberbekleidung)

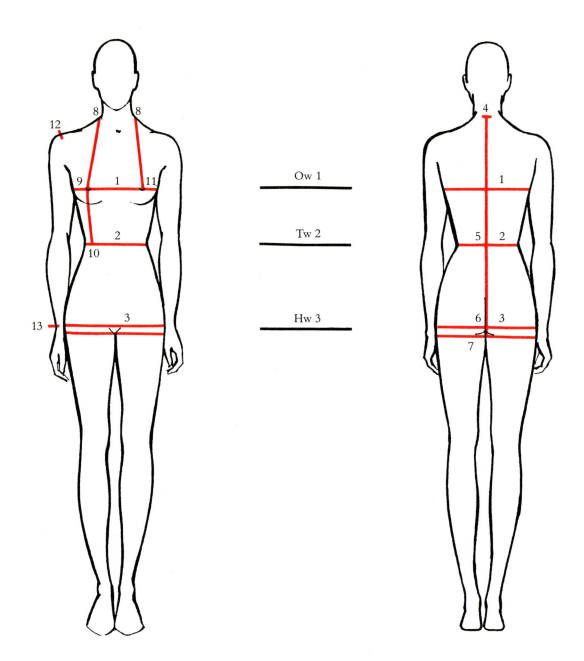

1	= Ow – Oberweite
2	= Tw – Taillenweite
3	= Hw – Hüftweite
4	= – Halswirbelpunkt
4–5	= Rl – Rückenlänge gemessen vom Wirbel
4–6	= Ht – Hüfttiefe
4–7	= Lg – Länge gemessen vom Wirbel nach Mode und Geschmack
8	= – Halspunkt
8–9–10	= Vl – Vordere Länge
8–11	= Bt – Brusttiefe
12	= – Armkugelpunkt
12–13	= Älg – Ärmellänge

Achtung: Vor dem Maßnehmen muß um die Taille ein festes, ca. 2 cm breites Band gelegt werden, damit alle Maße korrekt ermittelt werden können!

Achtung: Zugaben für die Bewegungsfreiheit sind in den Berechnungen der Tabellen für Rb, Ad und Bb jeweils enthalten.

Diese betragen bei der Bluse: ½ Ow + 10 cm

Wird mehr Bewegungsfreiheit in der Oberweite gewünscht, diese zusätzliche Mehrweite gleichmäßig auf Rb, Ad und Bb verteilen.

Maßtabelle für HEMDBLUSENGRUNDSCHNITT GR.

		1/2	1/4	1/8
Ow – Oberweite (Körpermaß)				
Tw – Taillenweite "				
Hw – Hüftweite "				
Älg – Ärmellänge ab Kugel				
Mw – Manschettenweite fertig				

Rh – Rückenhöhe	$\frac{1}{10}$ Ow + 17	
Rl – Rückenlänge	messen	
Ht – Hüfttiefe	Rl + 20 bis 22 cm	
Lg – Länge	nach Mode u. Geschmack	
Hs – Halsspiegelbreite **Achtung:** Hs bei Gr. 36–44 = 46–52 = ab 54 =	$\frac{1}{6}$ der ½ Ow ./. 0,5 $\frac{1}{6}$ der ½ Ow ./. 0,5 $\frac{1}{6}$ der ½ Ow ./. 1 $\frac{1}{6}$ der ½ Ow ./. 1,5	

Größentabelle siehe Seite 236

Vl – Vordere Länge	messen	
Bt – Brusttiefe	messen	

Achtung: Zugaben für Bewegungsfreiheit sind in den Berechnungen
für Rb, Ad und Bb jeweils enthalten

Rb – Rückenbreite	$\frac{1}{8}$ Ow + 8,5	
Ad – Armlochdurchmesser	$\frac{1}{8}$ Ow + 1,5	
Bb – Brustbreite	¼ Ow	
	Kontrolle = ½ Ow + 10 =	

Maßtabelle für HEMDBLUSENGRUNDSCHNITT GR. 38

		½	¼	⅛
Ow – Oberweite (Körpermaß)	88	44	22	11
Tw – Taillenweite "	68	34	17	
Hw – Hüftweite "	94	47		
Älg – Ärmellänge ab Kugel	58			
Mw – Manschettenweite fertig	19			

Rh – Rückenhöhe	$\frac{1}{10}$ Ow + 17	25,8
Rl – Rückenlänge	messen	41
Ht – Hüfttiefe	Rl + 20 bis 22 cm	61
Lg – Länge	nach Mode u. Geschmack	
Hs – Halsspiegelbreite **Achtung:** Hs bei Gr. 36–44 = 46–52 = ab 54 =	$\frac{1}{6}$ der ½ Ow ./. 0,5 $\frac{1}{6}$ der ½ Ow ./. 0,5 $\frac{1}{6}$ der ½ Ow ./. 1 $\frac{1}{6}$ der ½ Ow ./. 1,5	6,8

Größentabelle siehe Seite 236

Vl – Vordere Länge	messen	45
Bt – Brusttiefe	messen	27

Achtung: Zugaben für Bewegungsfreiheit sind in den Berechnungen
für Rb, Ad und Bb jeweils enthalten

Rb – Rückenbreite	$\frac{1}{8}$ Ow + 8,5	19,5
Ad – Armlochdurchmesser	$\frac{1}{8}$ Ow + 1,5	12,5
Bb – Brustbreite	¼ Ow	22,0
	Kontrolle = ½ Ow + 10 =	54,0

Grundgerüst Hemdblusenschnitt Gr. 38

A − B = Rh
A − C = Rl
A − D = Ht
A − B − C − D auswinkeln
Achtung: von A nur kurze Linie, siehe Skizze
B − F = Rb
F − G = ½ Ad + 1 cm
G − H = ½ Ad ./. 1 cm
H − J = Bb
J − K = ¹⁄₁₀ Ow

F − G − H − K − J auswinkeln wie Skizze

M − N = Vl ./. 1 cm
auswinkeln
N − V = Bt

Rückenteil
A − L = Hs
wie Skizze 2 cm nach oben, Halsloch einzeichnen, Schulterlinie wie Skizze.
Rückenhöhe vierteln und Abnäher einzeichnen.
Über Hilfspunkte Armloch einzeichnen.
Hilfslinien übertragen wie Skizze.

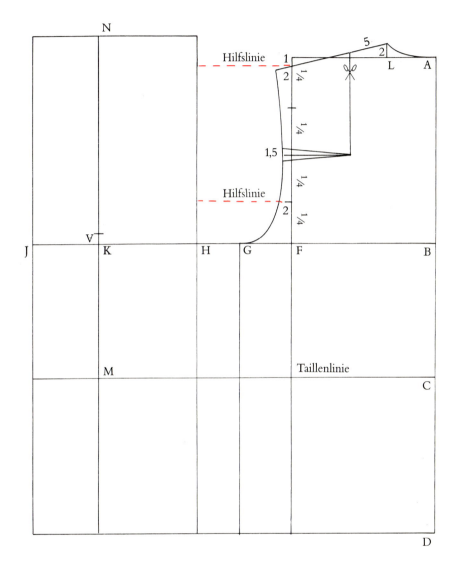

Hemdblusengrundschnitt Gr. 38

Vorderteil: Abnäherberechnung

P − Q = $^1/_{10}$ der ½ Ow ./. 2 cm

Achtung:

Berechnung der Abnähertiefe von P−Q abgetragen:
Gr. 36/38 $^1/_{10}$ der ½ Ow ./. 2 cm
  40/42 $^1/_{10}$ der ½ Ow ./. 1 cm
  44/46 $^1/_{10}$ der ½ Ow
  ab 48 $^1/_{10}$ der ½ Ow + 1 cm

Größentabelle siehe Seite 236.
Q − R = Hs
Winkellinie wie Skizze J−Q−R ergibt = Qa
Qa − S = Hs + 1 cm
Halsloch wie Skizze einzeichnen.
R − T = Hintere Schulterbreite übertragen
H − AE = 3 cm
Armloch wie Skizze einzeichnen.
Linie für Brustabnäher über V einzeichnen bis U.

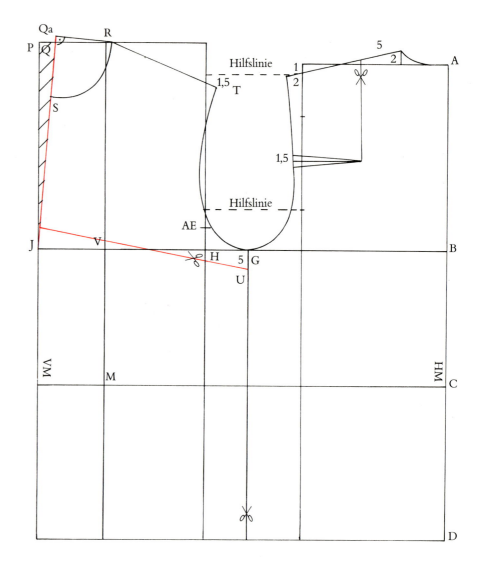

Hemdblusengrundschnitt Gr. 38

Vorderteil: Abnäherverlegung

Brustabnäherlinie V – U wie Skizze aufschneiden und so aufdrehen, daß die Vordere Mitte gerade ist.
Abnäher wie Skizze verkürzen und einzeichnen.

Achtung:

Durch die Verlegung des Abnähers (VM gerade) entsteht eine Mehrlänge von 1 cm.
Dieser Betrag wird bei der Grundaufstellung berücksichtigt und abgezogen (Vl ./. 1 cm).
VM beschriften und Fadenlauf einzeichnen.

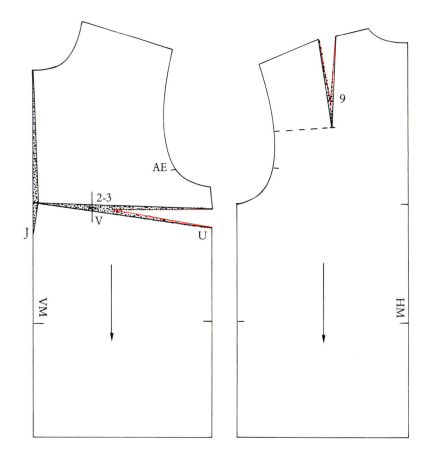

Rückenteil: Abnäherverlegung

Abnäherbetrag am Armloch weglegen, Armloch ausgleichen.
Schulterabnäher auf 9 cm verkürzen.
HM beschriften, Fadenlauf einzeichnen.

Fertiger Grundschnitt

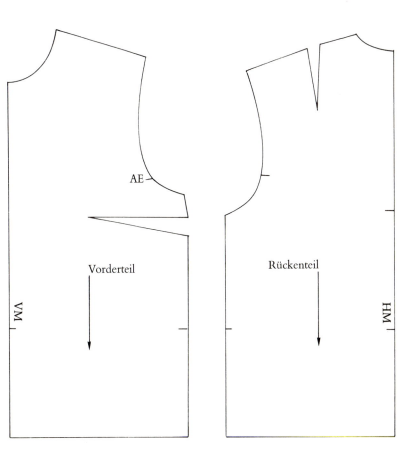

Grundaufstellung: Hemdblusenärmel

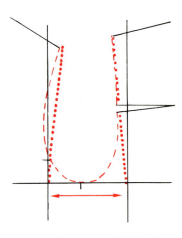

...... Ah = Armlochhöhe
- - - Umf = Armlochumfang
<-> Ad = Armlochdurchmesser

Hilfslinien für Armkugelkonstruktion

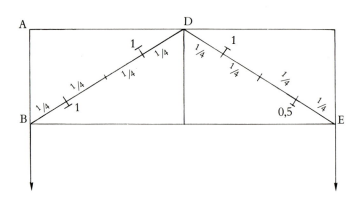

A – B = ⅓ Ah ∵ 2 cm = Kugelhöhe
A – C = Älg
B + C = auswinkeln
B – Ba = ½ von B – C ∵ 1 cm = Ellenbogenlinie
B – D = ½ Umf
D – E = ½ Umf
B – D – E = Hilfslinien
D + E = auswinkeln
B – AE = Strecke an der Bluse ausm. + übertragen
B – D + D – E Strecke vierteln wie Skizze oben.

Armkugel einzeichnen wie Skizze
Armkugel ausmessen und mit Umf vergleichen!
Saumlinie evtl. enger stellen, Strecke vierteln und über Hilfspunkte einzeichnen.
Je nach Manschettenbreite den Ärmel verkürzen um die Hälfte der Manschettenbreite.

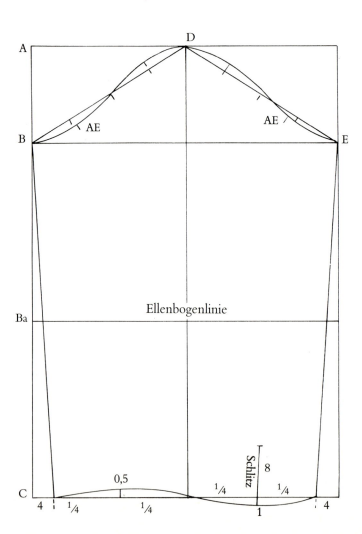

Achtung: Die gesamte Kugelweite sollte nicht mehr als 1 cm Mehrweite als der Armlochumfang betragen!

36

Fertiger Blusenärmelschnitt

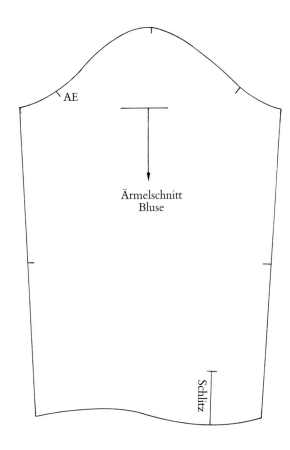

Konstruktion für Blusenärmelschnitt mit Oberarmnaht
In den Blusenärmelschnitt Teilungslinie zum oberen Querzeichen markieren. Durch die Teilung entsteht ein Ärmel mit Oberarmnaht.

Achtung: Der geteilte Ärmel wird auch als Grundlage für die Raglan-Konstruktion der Blusenschnitte verwendet. Veränderung siehe Skizze.

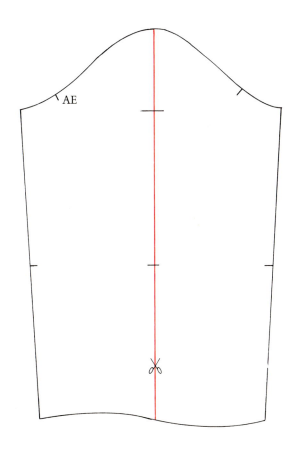
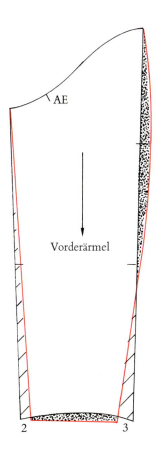
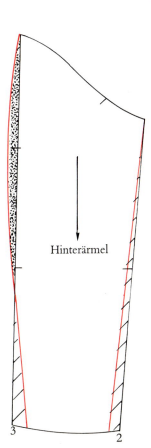

Klassische Hemdbluse

Zweiteiliger Hemdblusenkragen

A – B = hinteres Halsloch
A – C = ½ Halslochweite
C – D = Übertritt Bluse
A – E = Stehkragenhöhe
E – F = Zwischenraum
F – G = Kragenbreite

An den Blusengrundschnitt Übertritt und verdeckte Leiste anzeichnen.
Linien für Passenabtrennung und für die Verlegung der Abnäher in Vorder- und Rückenteil markieren.

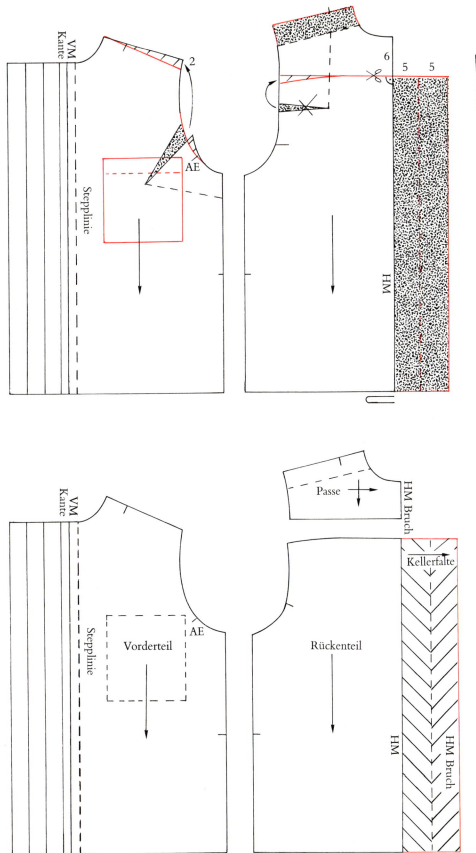
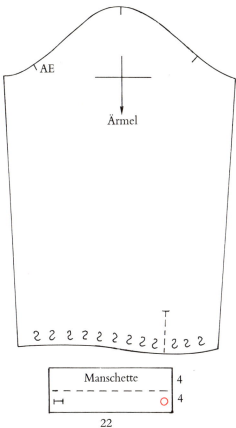

Brustabnäher und hinteren Schulterabnäher jeweils ins Armloch verlegen.

Achtung: Armlöcher ausmessen. Das vordere Armloch darf nicht größer sein als das hintere. Eventuell an der vorderen Schulter ausgleichen.
Siehe Skizze.

Hintere Passe einzeichnen und Abnäher in die Passennaht verlegen. Vordere und hintere Passe an der Schulter zusammenlegen. An der hinteren Mitte nach Wunsch eine Kellerfalte anzeichnen.

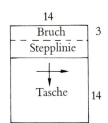

Bluse mit Kräuselweite

An den Blusengrundschnitt Übertritt und Belege anzeichnen. Für Polstererhöhung und Schulterverbreiterung zugeben, siehe Skizzen. Linien vorne und hinten für Abnäherverlegungen, Passenabtrennung und zum Aufdrehen markieren. Der Brustabnäher wird für Kräuselweite zusammengelegt. Der Schulterabnäher wird in die Passennaht verlegt. Vordere und hintere Passe zusammenlegen. Je nach Stoffqualität den Schnitt aufdrehen, bei dünnen Stoffen mehr, bei dickeren Stoffen weniger Weite zugeben.

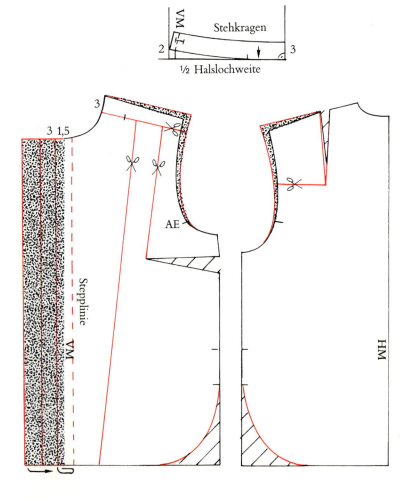

In den Blusenärmel Linien zum Aufdrehen markieren und je nach Wunsch aufdrehen.

Stand für Kugelhöhe zugeben.

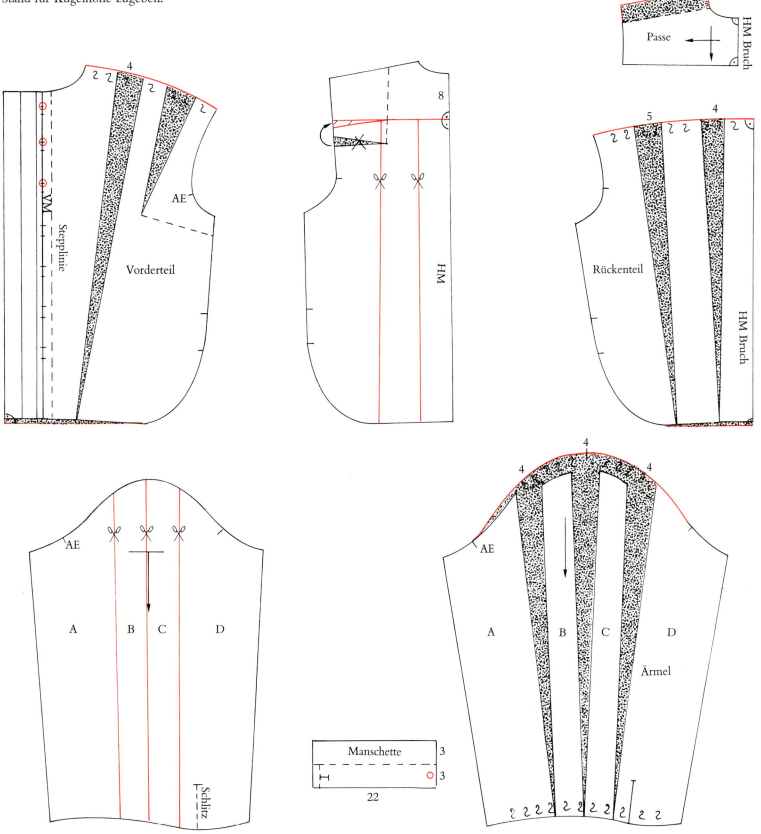

Bluse mit aufspringenden Taillenabnähern

Winkelaufstellung des einteiligen Blusen- oder Hemdkragens mit angeschnittenem Steg

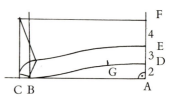

A – B = ½ Halslochweite
B – C = Übertritt der Bluse
A – D = Zwischenraum
D – E = Kragenstand
E – F = Kragenbreite
D – G = hinteres Halsloch

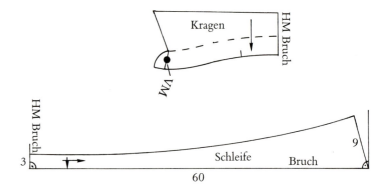

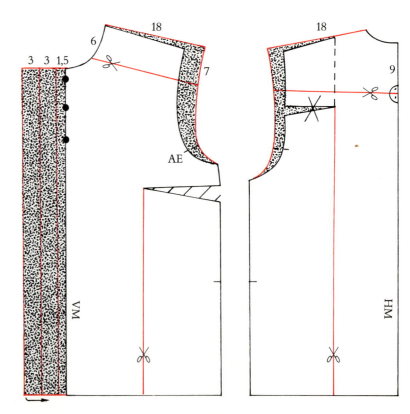

Schulterabnäher in das Armloch verlegen, siehe Skizze.

An den Blusengrundschnitt Übertritt und Belege anzeichnen. Der Beleg wird doppelt eingeschlagen und ersetzt dadurch die Einlage.
Polstererhöhung und Schulterverbreiterung siehe Skizze.

Passenlinien und Linien zum Aufdrehen markieren. Brustabnäher und Schulterabnäher werden jeweils in den Saum verlegt.

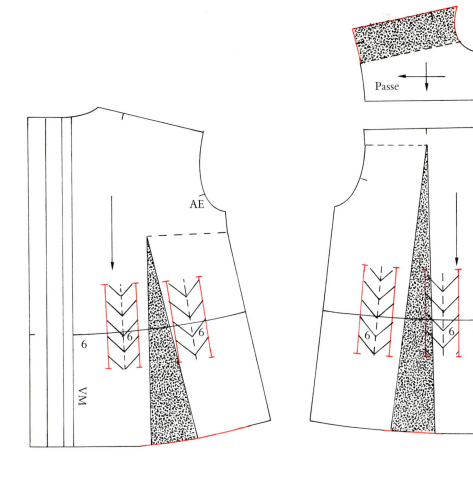
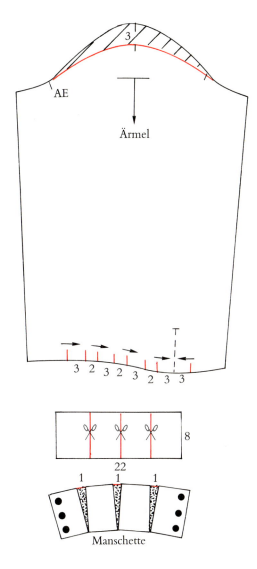
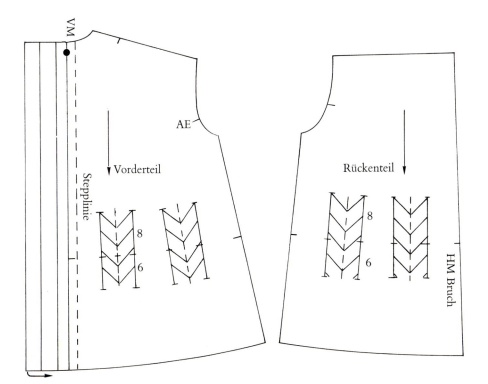

Der Beleg wird doppelt eingeschlagen und ersetzt dadurch die Einlage.

Passen abtrennen und zusammenlegen. Vorder- und Rückenteil gleichmäßig aufdrehen, siehe Skizze. Taillierung wie Beispiel:

½ Blusenweite = 61 cm
½ Taillenweite + 3 cm = 37 cm

24 cm : 4 Abnäher
= 6 cm Abnähertiefe

Ärmel: Armkugel wie Skizze um den Betrag der Schulterverbreiterung flacher zeichnen. Maße von Armloch und Armkugel vergleichen, eventuell seitlich zugeben.

Achtung: Das Armloch darf nie weiter sein als die Armkugelweite.

Bluse mit Revers

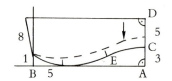

Winkelaufstellung eines Blusenreverskragens

A – B = ½ Halslochweite am vorderen Halsloch von Z aus gemessen
A – C = Zwischenraum
C – D = Kragenbreite
C – E = hinteres Halsloch

Kragenbreite und -form kann verändert werden.

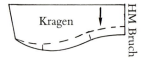

An den Blusengrundschnitt Übertritt anzeichnen. Hintere und vordere Schulter für Polster erhöhen. Schulter verbreitern, Oberweite zugeben und Armloch vertiefen. Armlöcher neu zeichnen, siehe Skizze. Vorn Passenlinie und Linien für Falten markieren. Gewünschte Reversform einzeichnen.

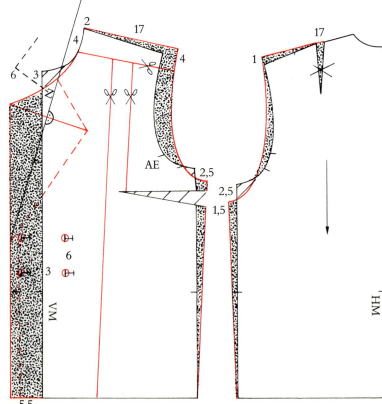

Vordere Passe abtrennen. Aufgedrehte Weite, siehe Skizze, auf 3 Falten verteilen.

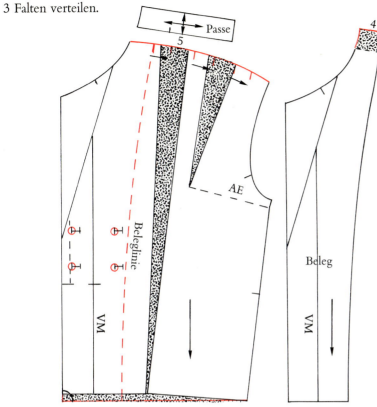

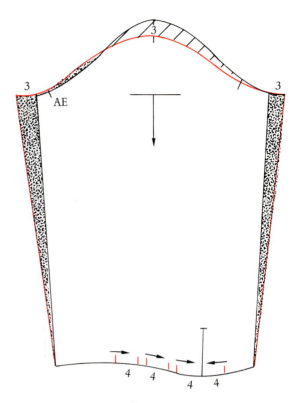

Achtung: Beleg geht jetzt bis zur Schulternaht.

Ärmel: Um Betrag der Schulterverbreiterung Armkugel vertiefen. Armloch der Bluse vorn und hinten ausmessen und Differenz rechts und links am Ärmel zugeben.

Achtung: Armloch und Ärmelweite genau ausmessen, Ärmelweite darf niemals enger sein als das Armloch.

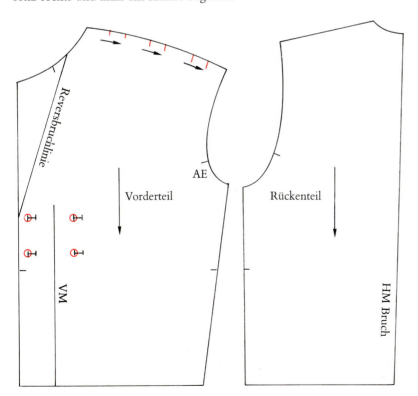

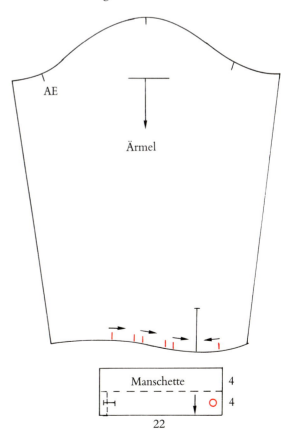

Bluse mit Falten

Im Blusengrundschnitt jeweils Brust- und Schulterabnäher ins Armloch verlegen.

Achtung: Armloch vorne und hinten ausmessen. Das vordere Armloch darf nie größer sein, ist dies der Fall, an der vorderen Schulter, siehe Skizze, ausgleichen.

Schulter verbreitern und Armloch vertiefen. Vorn und hinten Ausschnitt einzeichnen und Linien für Falten markieren. Übertritt anzeichnen.

Kragen: Vom Schnitt kopiertes Vorder- und Rückenteil mit verändertem Halsloch übereinanderlegen, siehe Skizze. Form mit Kragenstand und Kragenbreite einzeichnen. Am Oberkragen Rollweite zugeben.

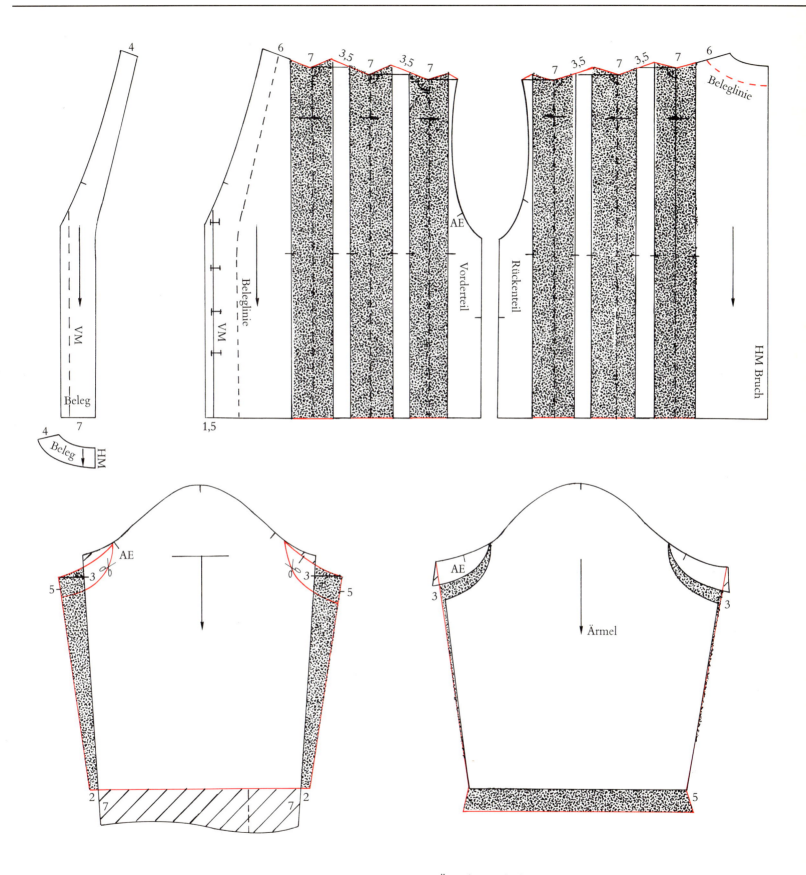

Im Vorder- und Rückenteil markierte Linien aufschneiden und Faltentiefe wie Skizze zugeben.

Ärmel: Armlochweite ausmessen, mit der Armkugel vergleichen, Fehlbetrag, siehe Skizze, zugeben. Um die innere Ärmellänge nicht zu kürzen, muß der Betrag, siehe Skizze, wieder zugegeben werden.

Bluse mit Passenvariation

Im Blusengrundschnitt vorne und hinten Halsloch vertiefen, Schulterabnäher ins Armloch verlegen, Übertritt anzeichnen.

Passenlinien und Linien zum Aufdrehen markieren.

Der Schulterabnäher wird in die Passennaht verlegt. Der Brustabnäher wird für Kräuselweite zusammengelegt, siehe Skizze.

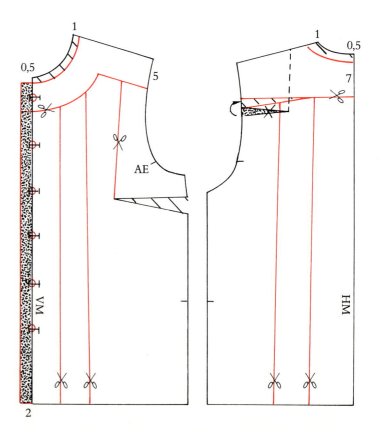

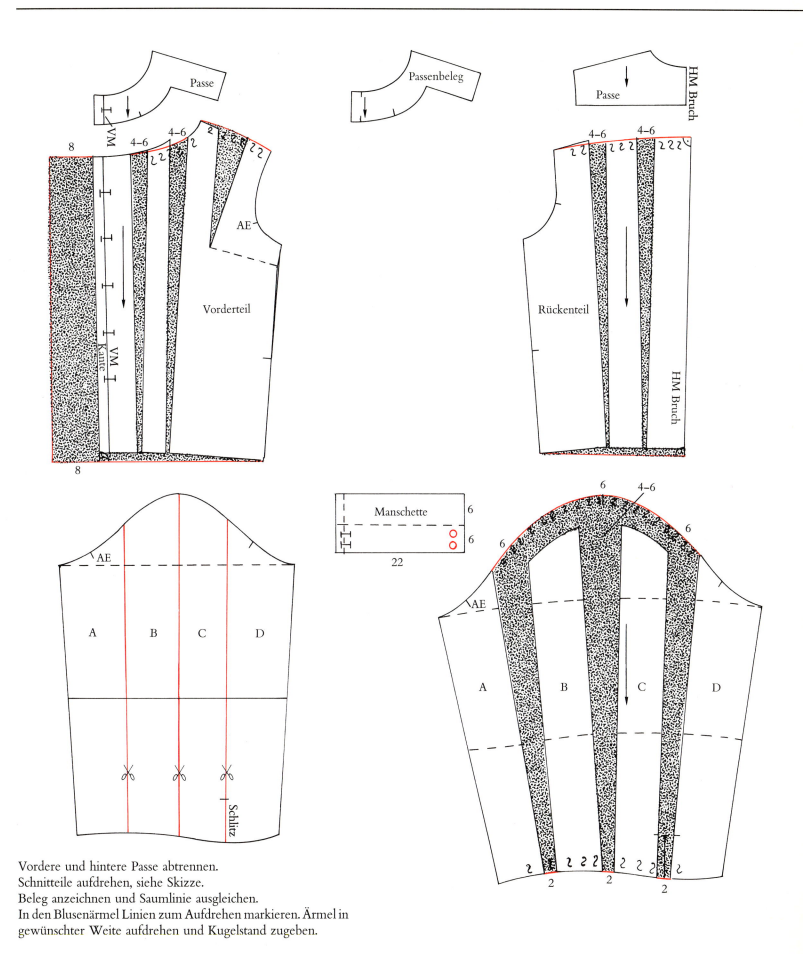

Vordere und hintere Passe abtrennen.
Schnitteile aufdrehen, siehe Skizze.
Beleg anzeichnen und Saumlinie ausgleichen.
In den Blusenärmel Linien zum Aufdrehen markieren. Ärmel in gewünschter Weite aufdrehen und Kugelstand zugeben.

Lange Bluse mit aufgedrehten Falten

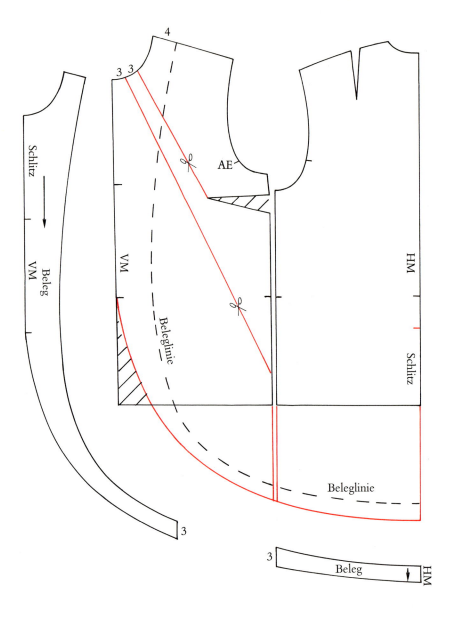

In den Blusengrundschnitt Linien zum Aufdrehen markieren. Länge und Rundung nach Wunsch anzeichnen.

Achtung: Linien zum Aufdrehen der Falten immer genauso markieren, wie sie im fertigen Modell fallen sollen, Zeichnung genau beachten!

Achtung: Belege vor dem Aufdrehen herauskopieren!

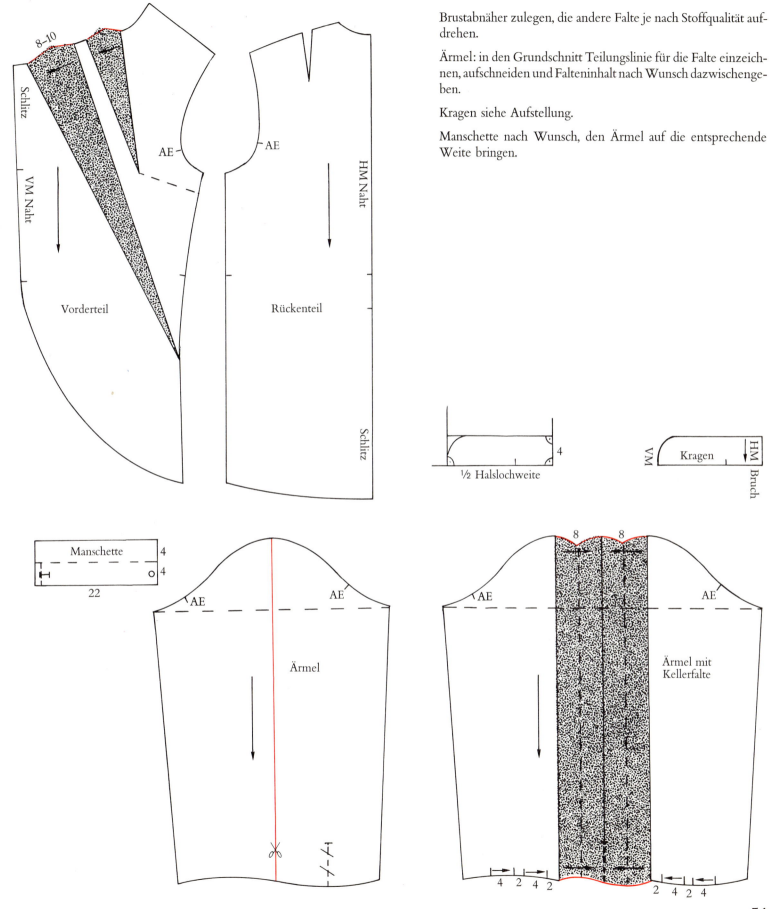

Brustabnäher zulegen, die andere Falte je nach Stoffqualität aufdrehen.

Ärmel: in den Grundschnitt Teilungslinie für die Falte einzeichnen, aufschneiden und Falteninhalt nach Wunsch dazwischengeben.

Kragen siehe Aufstellung.

Manschette nach Wunsch, den Ärmel auf die entsprechende Weite bringen.

Bluse mit Kimonoärmel

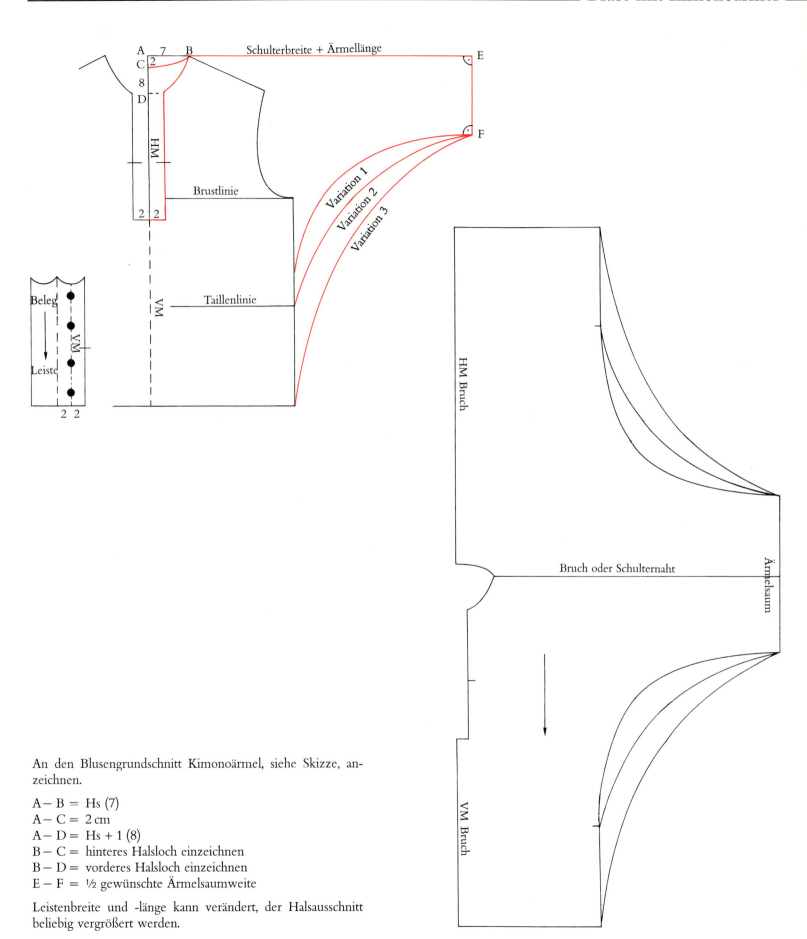

An den Blusengrundschnitt Kimonoärmel, siehe Skizze, anzeichnen.

A – B = Hs (7)
A – C = 2 cm
A – D = Hs + 1 (8)
B – C = hinteres Halsloch einzeichnen
B – D = vorderes Halsloch einzeichnen
E – F = ½ gewünschte Ärmelsaumweite

Leistenbreite und -länge kann verändert, der Halsausschnitt beliebig vergrößert werden.

Bluse mit Raglanärmel

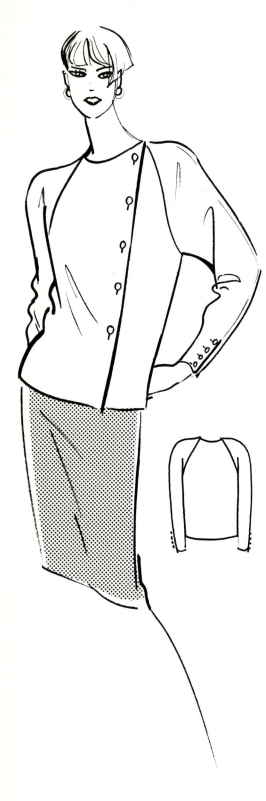

Ärmelgrundschnitt: Kugel ausmessen, mit Armloch vergleichen, eventuell Fehlbetrag zugeben. Teilungslinien und Ärmelveränderungen wie Skizze einzeichnen.

Raglananlage: Vorderteil und vorderen Ärmel am AE-Punkt aneinanderlegen. Armkugel so an den Schulterpunkt anlegen, daß vom Punkt A–B die gemessene Ärmellänge entsteht (siehe kleine Skizze). Am Schulterpunkt 1 cm hochstellen für Polster und eine schön gerundete Schulterlinie einzeichnen. Halsloch vergrößern, Übertritt anzeichnen, Seitennaht enger stellen.

Raglanzungen je nach Entwurf, hier gerundet, vom Halspunkt über den AE-Punkt einzeichnen.

In dem Blusengrundschnitt Brust- und Schulterabnäher jeweils in das Armloch verlegen. Armlöcher ausmessen, vorne darf nie weiter sein als hinten und an der vorderen Schulter eventuell ausgleichen.

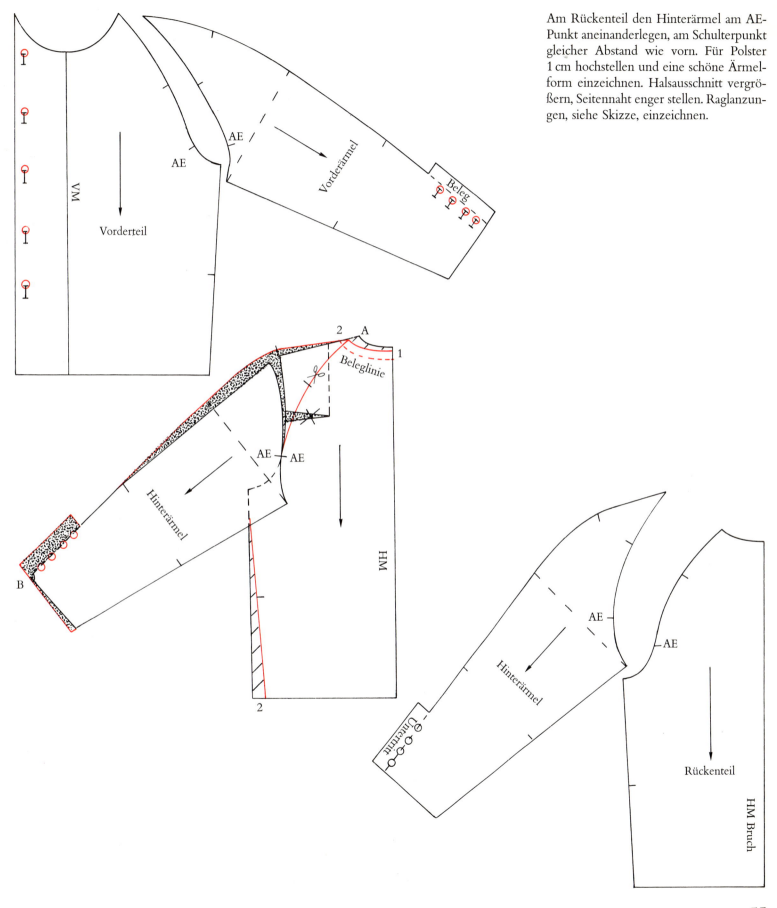

Am Rückenteil den Hinterärmel am AE-Punkt aneinanderlegen, am Schulterpunkt gleicher Abstand wie vorn. Für Polster 1 cm hochstellen und eine schöne Ärmelform einzeichnen. Halsausschnitt vergrößern, Seitennaht enger stellen. Raglanzungen, siehe Skizze, einzeichnen.

Weite Bluse mit runder Passe

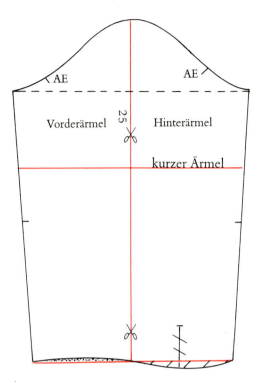

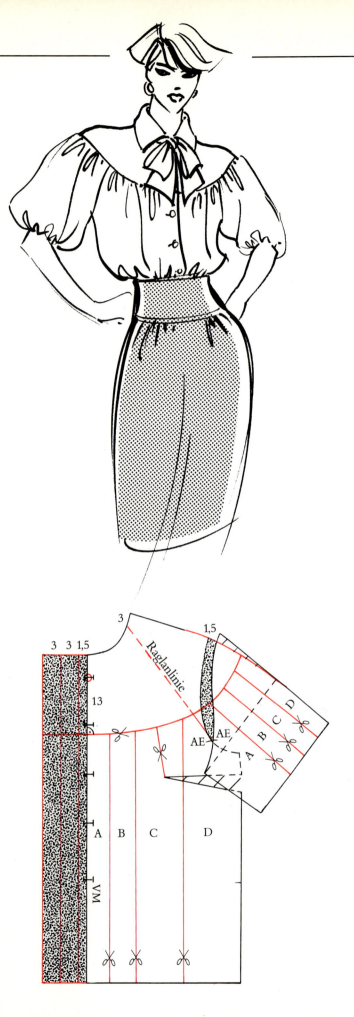

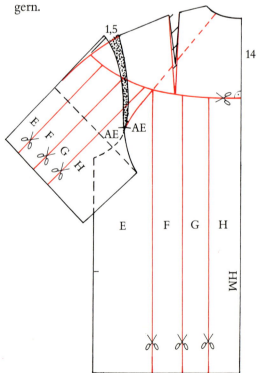

Ärmel teilen, kurzen oder langen Ärmel, siehe Skizze, an Vorder- und Rückenteil so anlegen, daß die AE-Punkte aneinanderstoßen. Durch die etwas flachere Kugel beim Blusenärmel (hier 13 cm) normal 14 bis 15 cm Kugelhöhe, geben wir am Schulterpunkt die 1,5 cm Differenz zu. Mehrweite des Ärmels wird an der Schulter weggezeichnet.

Achtung: Raglananlage Seite 54–55 beachten.
Übertritt und Belege anzeichnen, Passen, Raglanlinien und Linien zum Aufdrehen markieren. Hinteren Abnäher verlängern.

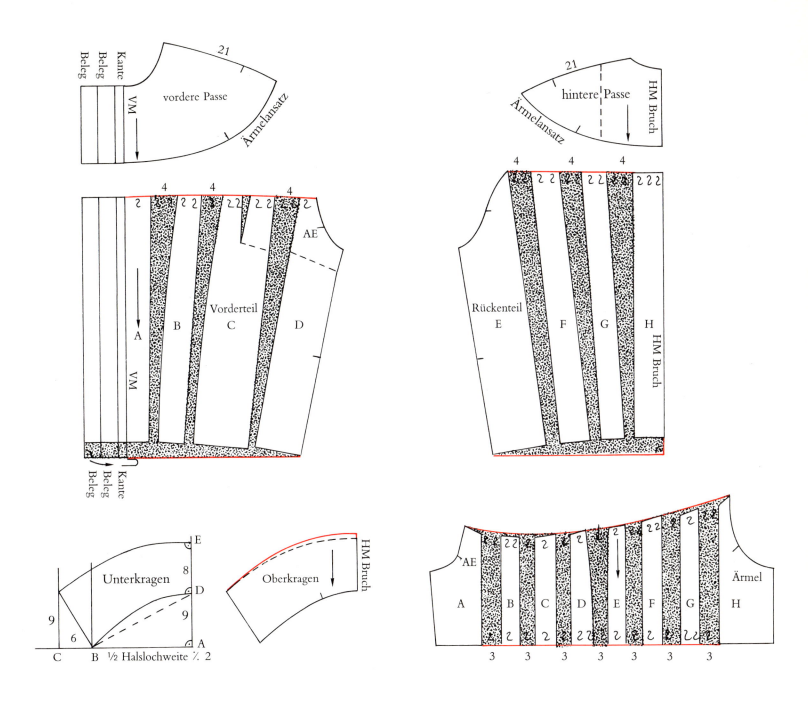

Passen hinten und vorne abtrennen, Schulterabnäher zusammenlegen. Vorderteil und Rückenteil je nach Stoffqualität in zwei bis dreifacher Weite aufdrehen und am Saum ausgleichen.

Achtung: Beim Einkräuseln auf Passenweite und Querzeichen achten.

Ärmel: siehe Skizze auseinanderlegen und auf Passenweite einkräuseln, dabei auf Querzeichen achten. Ärmelsaum kann auf Gummiband oder mit Bündchen, je nach Wunsch, gearbeitet werden.

Winkelaufstellung eines runden Kragens

A – B = ½ Halslochweite minus 2 cm
B – C = 6 cm
A – D = 9–10 cm
D – E = Kragenbreite
D – B = Hilfslinie siehe Skizze
Kragenansatzlinie gerundet einzeichnen

Achtung: Beim Aufstellen des Kragens darauf achten, daß HM oben und unten ein Stück im rechten Winkel gezeichnet wird, sonst entstehen Ecken.

Bluse mit Stufenvolants

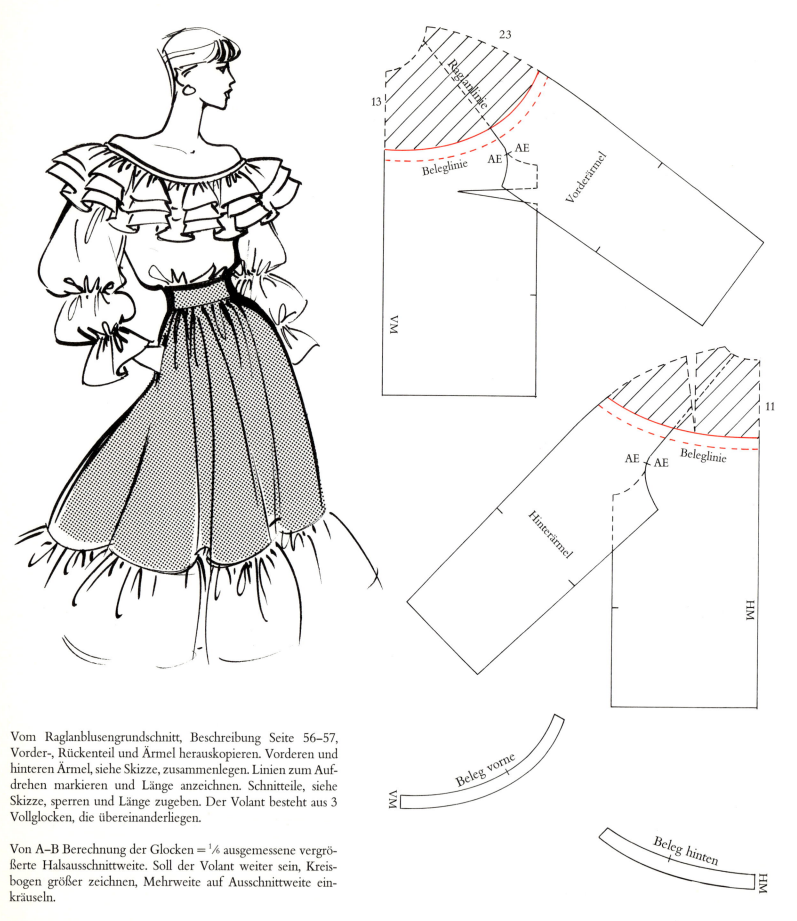

Vom Raglanblusengrundschnitt, Beschreibung Seite 56–57, Vorder-, Rückenteil und Ärmel herauskopieren. Vorderen und hinteren Ärmel, siehe Skizze, zusammenlegen. Linien zum Aufdrehen markieren und Länge anzeichnen. Schnitteile, siehe Skizze, sperren und Länge zugeben. Der Volant besteht aus 3 Vollglocken, die übereinanderliegen.

Von A–B Berechnung der Glocken = $1/6$ ausgemessene vergrößerte Halsausschnittweite. Soll der Volant weiter sein, Kreisbogen größer zeichnen, Mehrweite auf Ausschnittweite einkräuseln.

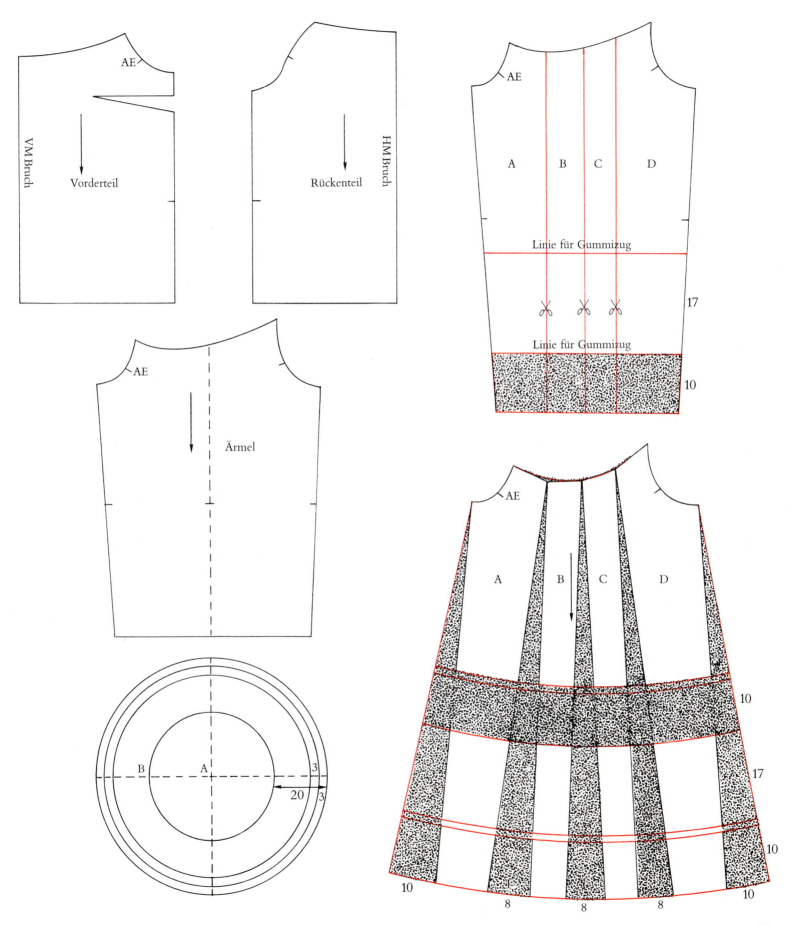

Lange Bluse mit geteiltem Rücken

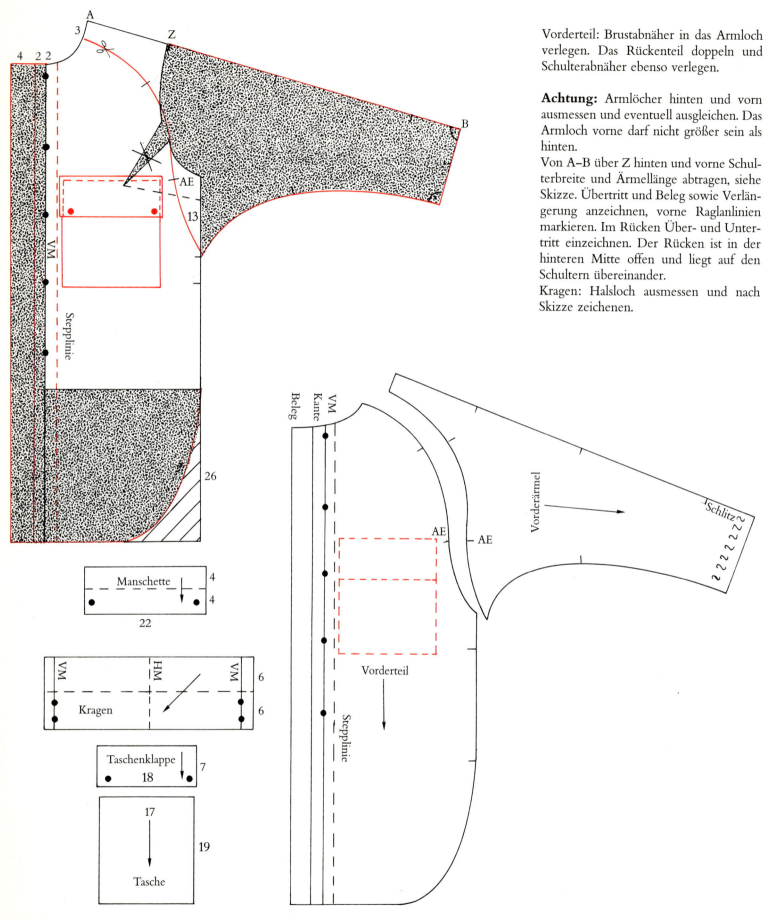

Vorderteil: Brustabnäher in das Armloch verlegen. Das Rückenteil doppeln und Schulterabnäher ebenso verlegen.

Achtung: Armlöcher hinten und vorn ausmessen und eventuell ausgleichen. Das Armloch vorne darf nicht größer sein als hinten.
Von A–B über Z hinten und vorne Schulterbreite und Ärmellänge abtragen, siehe Skizze. Übertritt und Beleg sowie Verlängerung anzeichnen, vorne Raglanlinien markieren. Im Rücken Über- und Untertritt einzeichnen. Der Rücken ist in der hinteren Mitte offen und liegt auf den Schultern übereinander.

Kragen: Halsloch ausmessen und nach Skizze zeichenen.

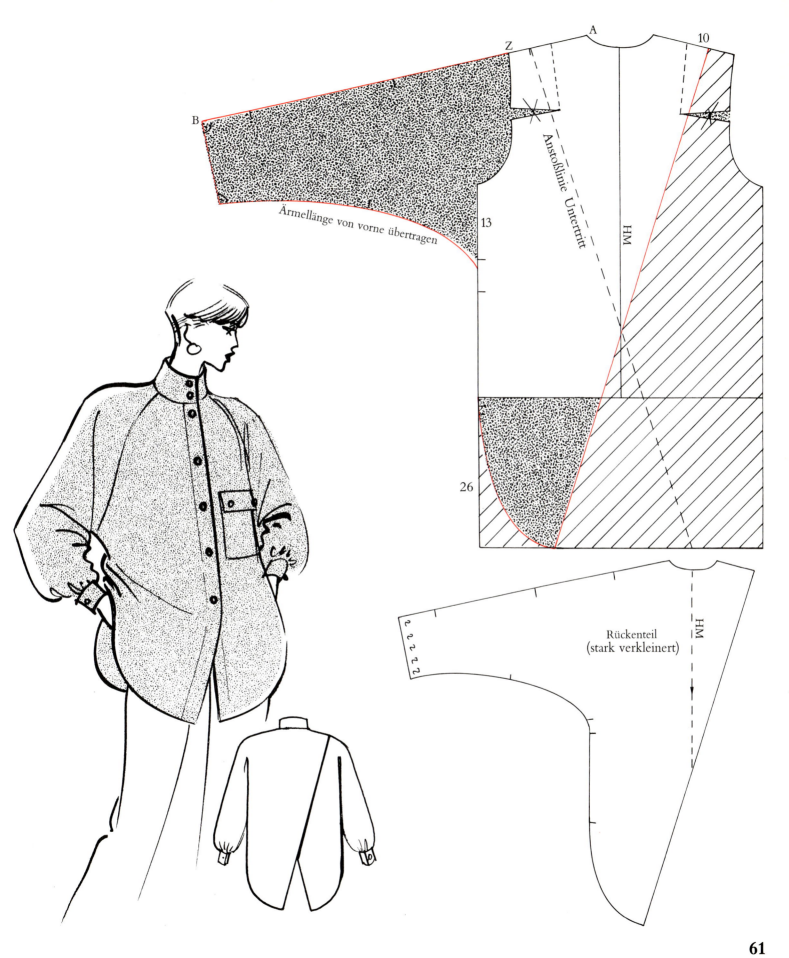

Kimonovariation

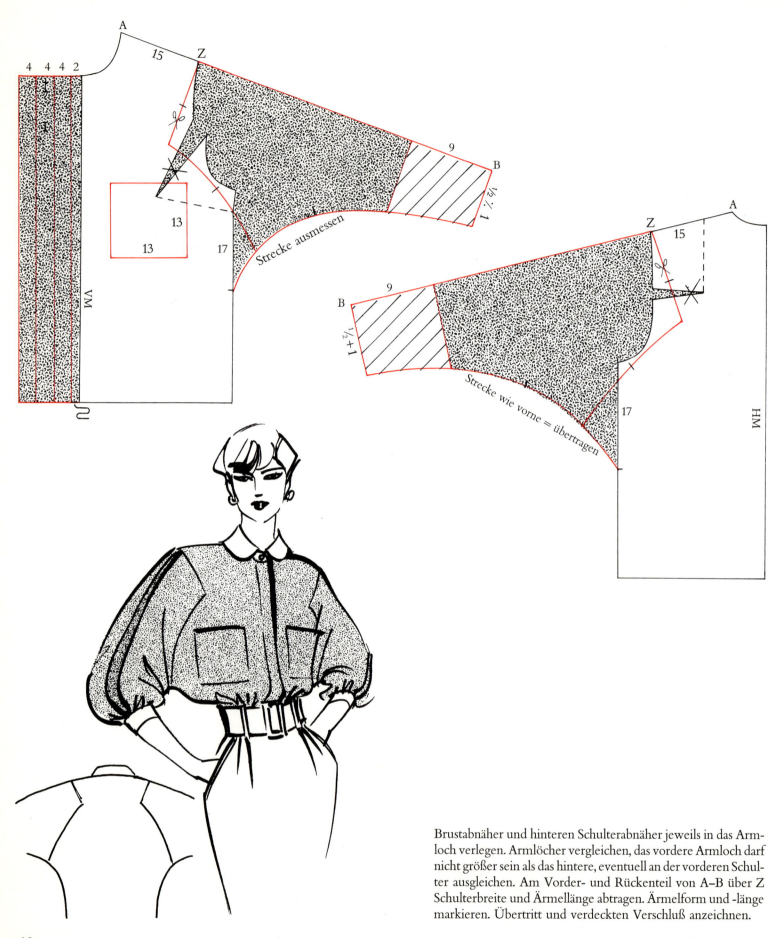

Brustabnäher und hinteren Schulterabnäher jeweils in das Armloch verlegen. Armlöcher vergleichen, das vordere Armloch darf nicht größer sein als das hintere, eventuell an der vorderen Schulter ausgleichen. Am Vorder- und Rückenteil von A–B über Z Schulterbreite und Ärmellänge abtragen. Ärmelform und -länge markieren. Übertritt und verdeckten Verschluß anzeichnen.

Kopierte Ärmelteile vorn und hinten wie Skizze für Kellerfalten auseinanderlegen. Am Saum für Kräuselung zugeben.

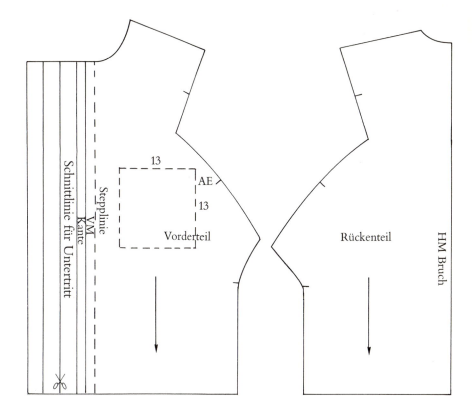

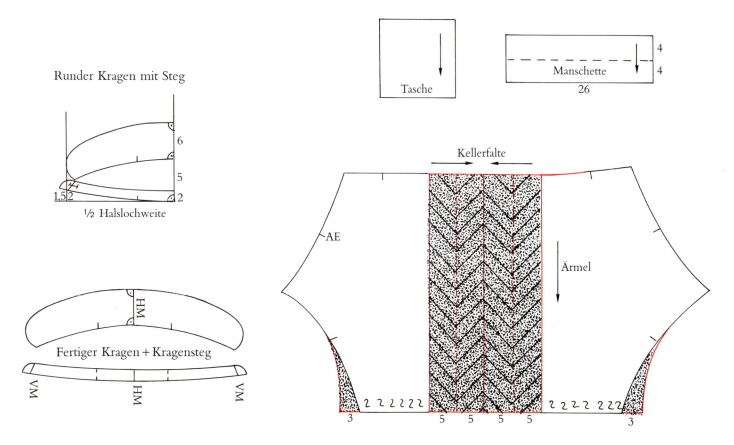

Herrenoberhemdenschnitt

Maße für Halsweite Gr. 40

Ow = 100 cm
Rl = 51,5 cm
Vl = 51,5 cm
Hs = 7,2 cm = Halsweite 40 cm
Ad = 16 cm ($\frac{1}{8}$ Ow + 4 cm)
Älg = 78 cm minus 16 cm Schulterbreite

A – B = 2 cm
A – C = Rl vom Schulterpunkt gemessen
A – D = Länge (Rl + ca. 35 cm)
B – E = Rh ($\frac{1}{10}$ Ow + 19 cm)

A–E–C–D auswinkeln

E – F = ½ Ow + 10 bis 16 cm, je nach Weite
G = ½ von E–F
G – H = ½ Ad
G – J = ½ Ad

F–H–G–J auswinkeln wie Skizze

Rückenteil
A – K = Hs
K – B = Halsloch einzeichnen
L – M = 1 cm
M – N = 2 cm (oder Schulterbreite ausmessen)
J – O = ¼ von J–M
O – P = 2 cm
G–P–N Armloch wie Skizze einzeichnen
Für die Passe von B = 5 cm nach unten messen, auswinkeln, am Armloch 1,5 cm für den Abnäher herausnehmen (nach unten abtragen)

Vorderteil
P – Q = Hilfslinie wie Skizze
R – S = Vl vom Schulterpunkt gem.
S – T = Hs
S – U = Hs + 1 cm
T – U = Halsloch einzeichnen
H – W = wie J–M ./. 2,5 cm
T – X = Schulterbreite wie Rückenteil
X–Q–G Armloch wie Skizze einzeichnen
H – AE = 3 cm

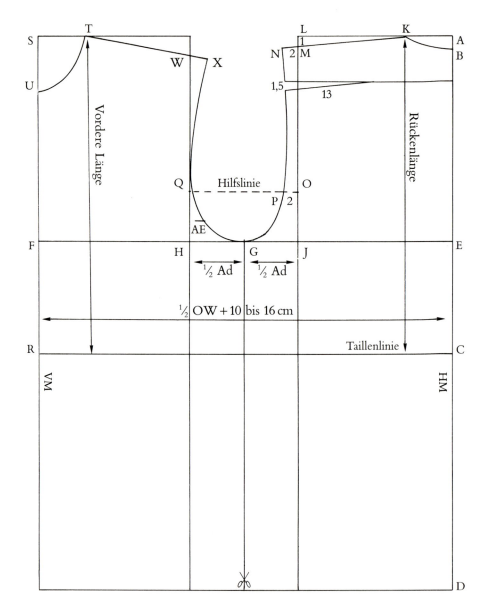

Ärmel für Herrenoberhemd

Achtung: Größen der Hemdenschnitte werden nach Halsweiten gerechnet.

Halsspiegelberechnung für Halslochweiten:
6,8 = 38 cm
7,0 = 39 cm
7,2 = 40 cm
7,4 = 41 cm
7,6 = 42 cm
7,8 = 43 cm
8,0 = 44 cm
8,3 = 45 cm
8,5 = 46 cm

Achtung: Bei Hemdenschnitten werden die RL und VL jeweils vom Schulterpunkt gemessen.

Winkellinie bei A zeichnen wie Skizze
A – B = $^1/_{10}$ Ow ./. 2 cm (je nach Kugelhöhe und Schulterbreite)
B – C = ½ Armlochumfang
Maße von A–B–C nach rechts übertragen
Kugel wie Skizze einteilen
C – D = Ärmellänge gemessen vom Halsloch minus Schulterbreite
E – F = Handweite + Faltenzugabe (hier 26 + 9 cm)
E – F = vierteln wie Skizze, Ärmellänge einzeichnen, siehe Skizze, und Ärmelschlitz markieren

Armlochumfang mit Kugelweite vergleichen! Der Ärmel darf nie enger sein als das Armloch!
AE Punkte vom Grundschnitt ausmessen und übertragen

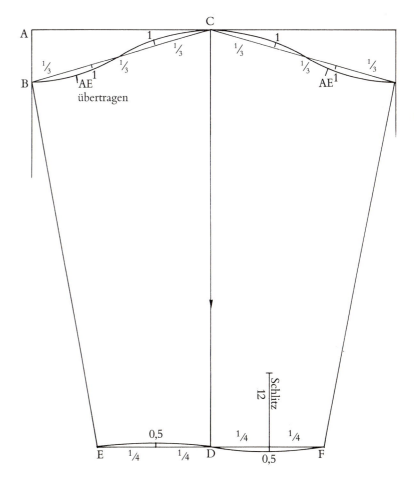

Klassisches Herrenhemd

An den Hemdengrundschnitt Übertritt und Beleg anzeichnen. Passe vorne markieren.
In der hinteren Mitte nach Wunsch zugeben für Fältchen, die Weite kann auch gekräuselt oder HM als Kellerfalte gelegt werden.

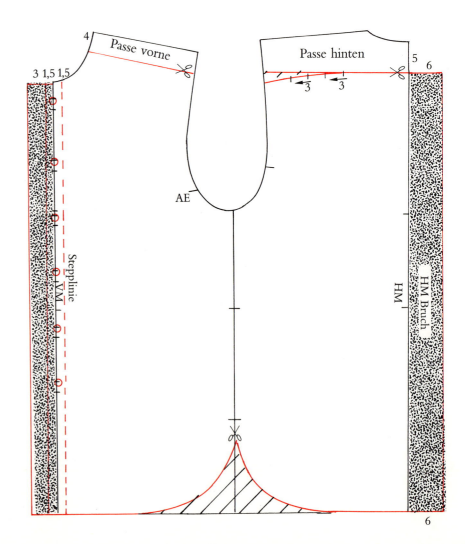

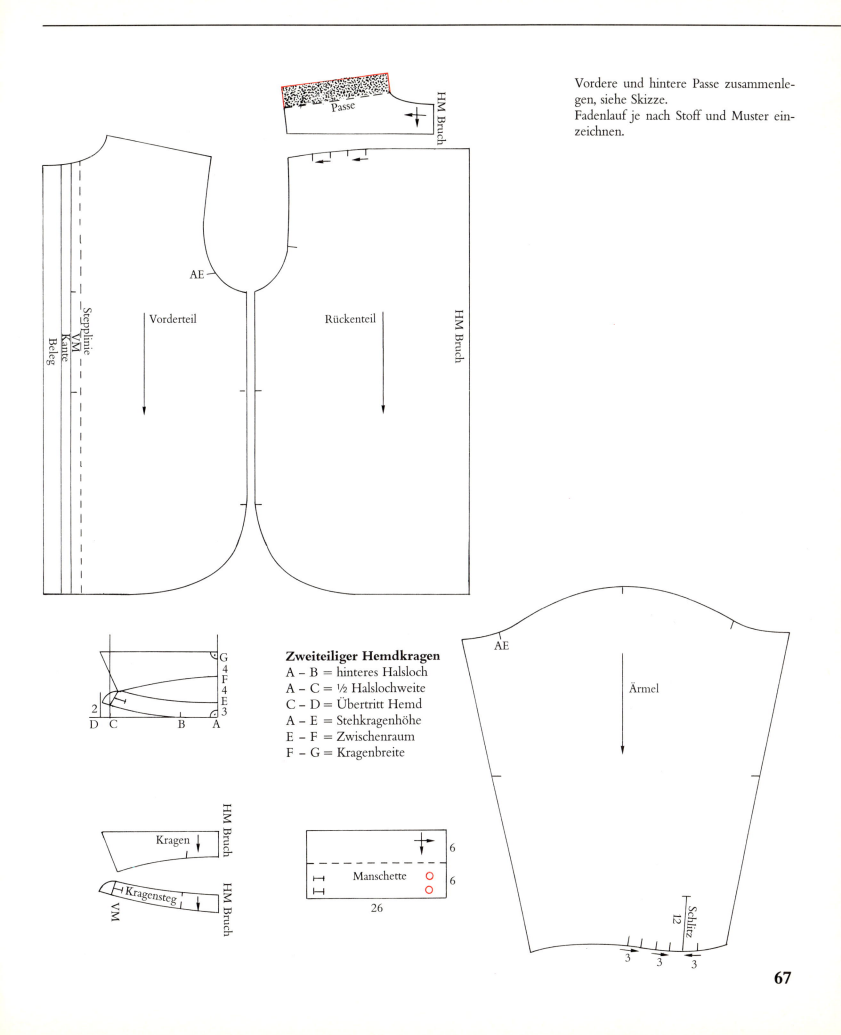

Tropenhemd

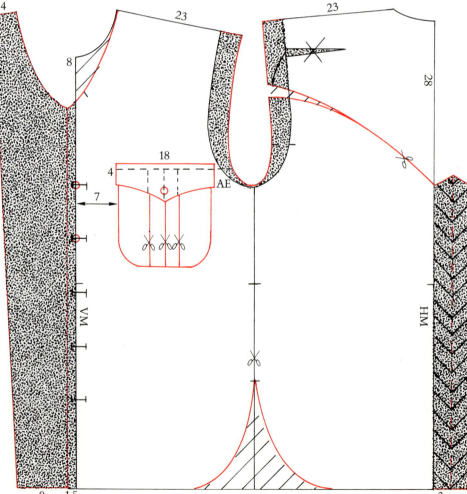

Am Vorder- und Rückenteil des Hemdengrundschnittes Schulterverbreiterungen anzeichnen. Im Vorderteil Halsloch vertiefen, sowie Übertritt und Beleg anzeichnen.
Im Rückenteil Passenlinie markieren, der Abnäher wird in die Passennaht verlegt.
Hinten Mitte Falte anzeichnen.
Achtung: neues Armloch ausmessen, gegebenenfalls den Ärmel entsprechend verändern!
Hemdärmel kürzen und Aufschlag anzeichnen, siehe Skizze.

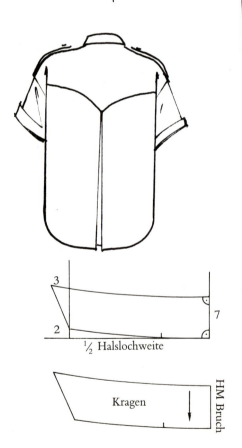

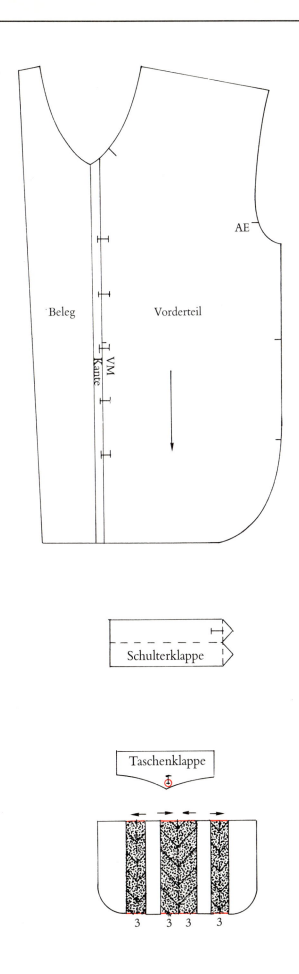
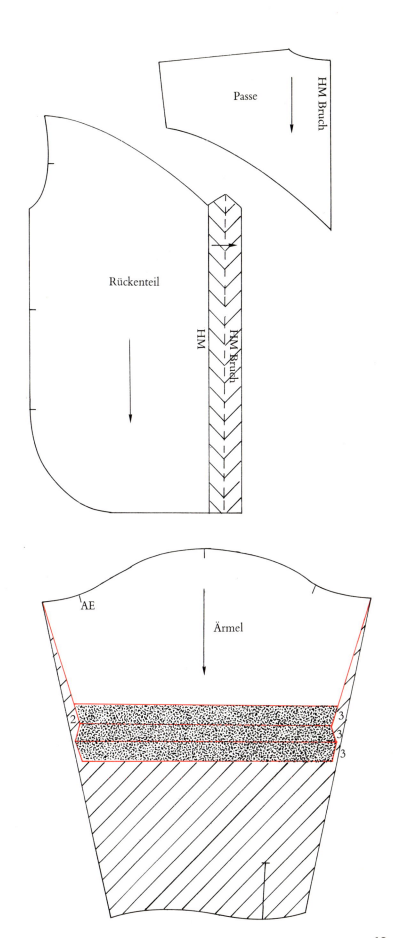

Herrenhemd mit Chemisette

Im Vorderteil des Hemdengrundschnittes Brusteinsatz mit Faltenlinien, Passenlinie und Linie für angesetzte verdeckte Leiste wie Skizze markieren.

Rückenteil: Abnäher an der Schulterlinie wegzeichnen, für Quetschfalte in der hinteren Mitte zugeben.
Vorderes Passenteil an die hintere Schulterlinie anlegen.

① Brusteinsatz: Linien für Falten oder Biesen aufschneiden und entsprechend auseinanderlegen. Angesetzte Leiste wie Skizze zeichnen.

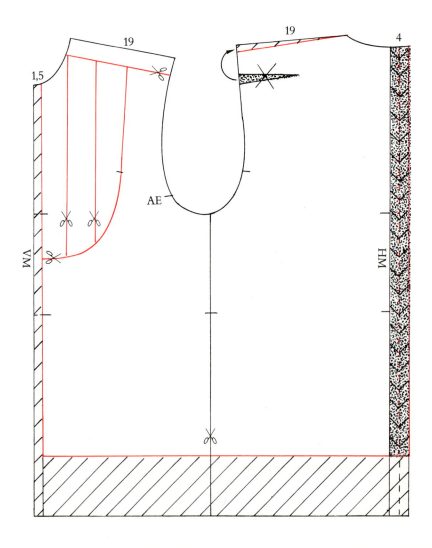

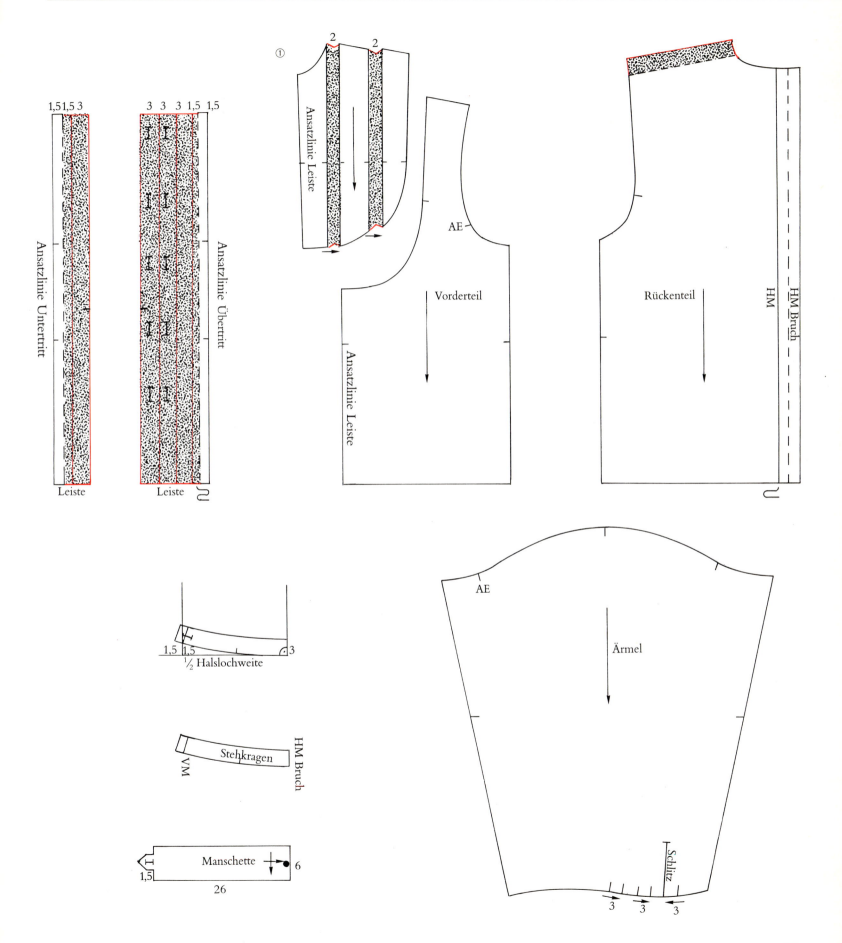

Kleider

Das Maßnehmen (ohne Oberbekleidung)

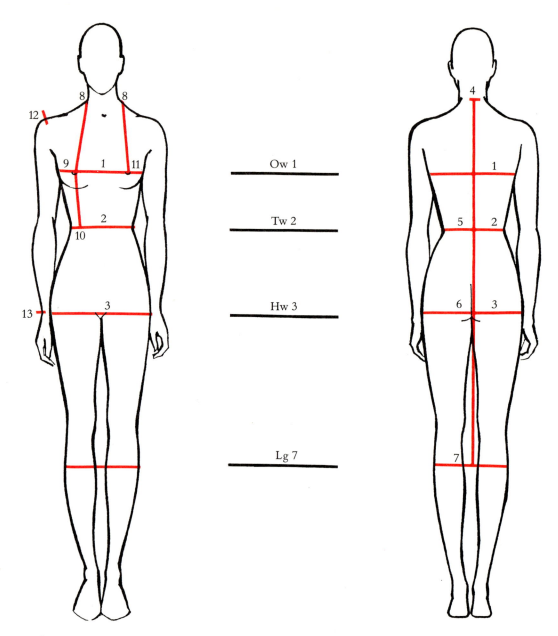

1 = Ow – Oberweite
2 = Tw – Taillenweite
3 = Hw – Hüftweite
4 = Halswirbelpunkt
4–5 = Rl – Rückenlänge gemessen vom Wirbel
4–6 = Ht – Hüfttiefe
4–7 = Lg – Länge gemessen vom Wirbel nach Mode und Geschmack
8 = Halspunkte
8–9–10 = Vl – Vordere Länge
8–11 = Bt – Brusttiefe
12 = Armkugelpunkt
12–13 = Älg – Ärmellänge

Achtung: Vor dem Maßnehmen muß um die Taille ein festes, ca. 2 cm breites Band gelegt werden, damit alle Maße korrekt ermittelt werden können!

Achtung: Zugaben für die Bewegungsfreiheit sind in den Berechnungen der Tabellen für Rb, Ad und Bb jeweils enthalten. Diese betragen beim Kleid: ½ Ow + 3,5 cm
½ Tw + 2 bis 3 cm
½ Hw + 2,0 cm
Wird mehr Bewegungsfreiheit in der Oberweite gewünscht, diese zusätzliche Mehrweite gleichmäßig auf Rb, Ad und Bb verteilen.

Achtung: Bei dehnbaren Materialien die Maße für die Bewegungsfreiheit reduzieren oder auf Körpermaß bringen. Die Reduzierung gleichmäßig auf Rb, Ad und Bb verteilen.

Maßtabelle KLEIDERGRUNDSCHNITT GR. (Eng gemessen ohne Zugaben)

	½	¼	⅛
Ow – Oberweite (Körpermaß)			
Tw – Taillenweite "			
Hw – Hüftweite "			
Älg – Ärmellänge ab Kugel			
Äsw – Ärmelsaumweite			

Rh – Rückenhöhe	$\frac{1}{10}$ Ow + 12	
Rl – Rückenlänge	messen	
Ht – Hüfttiefe	Rl + 20 bis 22 cm	
Lg – Länge	nach Mode u. Geschmack	
Hs – Halsspiegelbreite **Achtung:** Hs bei Gr. 36–44 = 46–52 = ab 54 =	$\frac{1}{6}$ der ½ Ow ./. 0,5 $\frac{1}{6}$ der ½ Ow ./. 0,5 $\frac{1}{6}$ der ½ Ow ./. 1 $\frac{1}{6}$ der ½ Ow ./. 1,5	

Größentabelle siehe Seite 236

Vl – Vordere Länge	messen	
Bt – Brusttiefe	messen	

Achtung: Zugaben für Bewegungsfreiheit sind in den Berechnungen
für Rb, Ad und Bb jeweils enthalten

Rb – Rückenbreite	$\frac{1}{8}$ Ow + 6	
Ad – Armlochdurchmesser	$\frac{1}{8}$ Ow	
Bb – Brustbreite	¼ Ow ./. 2,5	
	Kontrolle = ½ Ow + 3,5 =	

Maßtabelle KLEIDERGRUNDSCHNITT GR. 38 (Eng gemessen ohne Zugaben)

		½	¼	⅛
Ow – Oberweite (Körpermaß)	88	44	22	11
Tw – Taillenweite "	68	34	17	
Hw – Hüftweite "	94	47		
Älg – Ärmellänge ab Kugel	59			
Äsw – Ärmelsaumweite	22			

Rh – Rückenhöhe	¹⁄₁₀ Ow + 12	20,8
Rl – Rückenlänge	messen	41
Ht – Hüfttiefe	Rl + 20 bis 22 cm	61
Lg – Länge	nach Mode u. Geschmack	
Hs – Halsspiegelbreite **Achtung:** Hs bei Gr. 36–44 = 46–52 = ab 54 =	⅙ der ½ Ow ./. 0,5 ⅙ der ½ Ow ./. 0,5 ⅙ der ½ Ow ./. 1 ⅙ der ½ Ow ./. 1,5	6,8

Größentabelle siehe Seite 236

Vl – Vordere Länge	messen	45
Bt – Brusttiefe	messen	27

Achtung: Zugaben für Bewegungsfreiheit sind in den Berechnungen
für Rb, Ad und Bb jeweils enthalten

Rb – Rückenbreite	⅛ Ow + 6	17,0
Ad – Armlochdurchmesser	⅛ Ow	11,0
Bb – Brustbreite	¼ Ow ./. 2,5	19,5
	Kontrolle = ½ Ow + 3,5 =	47,5

Kleidergrundschnitt: Grundgerüst

A – B = Rh
A – C = Rl
A – D = Ht
A – E = Lg

A–B–C–D–E auswinkeln
Achtung: von A nur kurze Linie, siehe Skizze

C – Ca = 2 cm
D – Da = 2 cm
A–Ca–Da–Ea verbinden

Ba – F = Rb
F – G = ½ Ad + 1 cm
G – H = ½ Ad ./. 1 cm
H – J = Bb
J – K = 1/10 Ow + 1 cm
F–G–H–K–J auswinkeln
M – N = Vl ./. 1 cm
auswinkeln
N – V = Bt

Rückenteil
A – L = Hs
wie Skizze 2 cm nach oben, Halsloch einzeichnen
Rückenhöhe vierteln und Abnäher einzeichnen. Schulterlinie siehe Skizze, über Hilfspunkte Armloch einzeichnen.
Hilfslinien auf das Vorderteil übertragen.

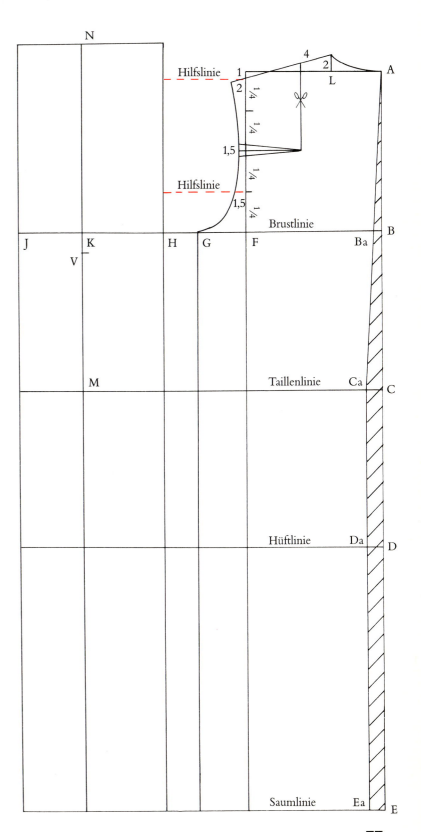

Kleidergrundschnitt Gr. 38

Vorderteil: Abnäherberechnung
P – Q = ¹⁄₁₀ halbe Ow ./. 1 cm

Achtung: Berechnung des Abnähers
Gr. 36/38 = ¹⁄₁₀ der ½ Ow ./. 1 cm
Gr. 40/42 = ¹⁄₁₀ der ½ Ow
Gr. 44/46 = ¹⁄₁₀ der ½ Ow + 1 cm
Gr. 48/50 = ¹⁄₁₀ der ½ Ow + 2 cm
Größentabelle siehe Seite 236
Q – R = Hs
Winkellinie J–Q–R wie Skizze ergibt Qa
Qa – S = Hs + 1 cm
R – S = vorderes Halsloch einzeichnen
R – T = hintere Schulterbreite übertragen
H – AE = 3 cm
Armloch einzeichnen wie Skizze

Berechnung der Taillenabnäher
W – Ca = Strecke ausmessen
½ Tw + 2 bis 3 cm Bewegungsfreiheit abziehen, ergibt Betrag für Abnäher und seitliche Taillierung.
Aufteilung: von der Mehrweite je 3 cm in den hinteren und vorderen Abnäher (siehe Skizze), den Rest zur Hälfte auf die Seitennähte verteilen. An der Seitennaht Taillenlinie 1 cm hochstellen und neue Taillenlinie einzeichnen (siehe Skizze).
Linie für Brustabnäher über J–V einzeichnen bis U.

Berechnung der Hüftweite
X – Da = Strecke ausmessen =
½ Hw + 2 cm Bewegungsfreiheit
Fehlbetrag bei Y je zur Hälfte dazugeben.
Seitennähte mit schönem Bogen einzeichnen.

Achtung: bei den kopierten Teilen Hüftweite kontrollieren!

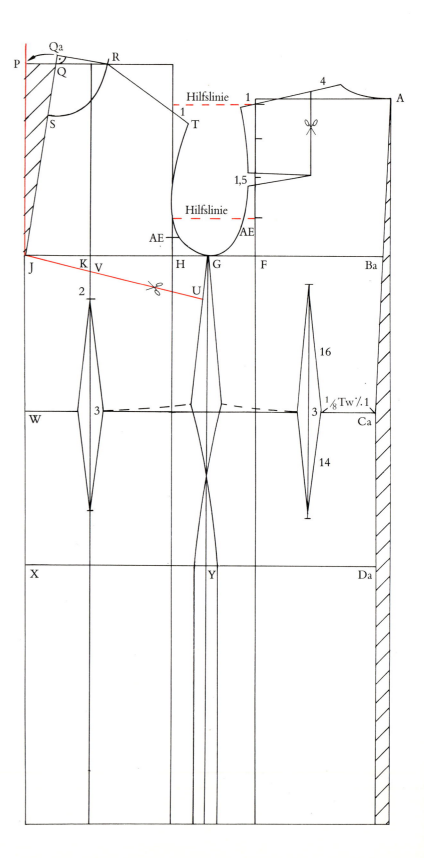

Kleidergrundschnitt: fertiges Vorder- und Rückenteil

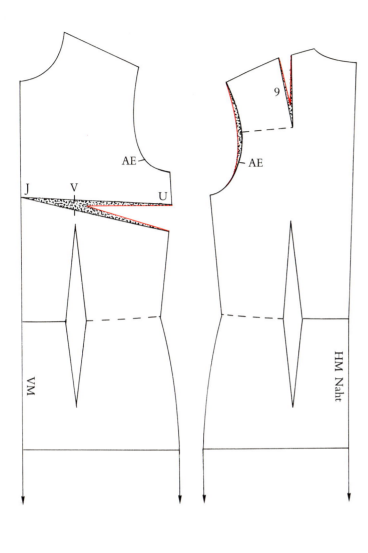
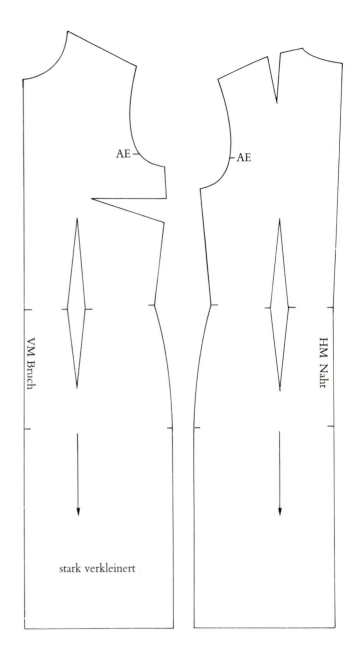

Vorderteil: Abnäherverlegung
Brustabnäherlinie J–V–U wie Skizze aufschneiden und so aufdrehen, daß die Vordere Mitte gerade ist.
Abnäher vom Brustpunkt V 2 cm verkürzen und einzeichnen.

Achtung: durch die Verlegung des Abnähers (VM gerade) entsteht eine Mehrlänge von 1 cm. Dieser Betrag wird bei der Grundaufstellung berücksichtigt und abgezogen (Vl ∕. 1 cm).
VM beschriften und Fadenlauf einzeichnen.

Rückenteil
Abnäherbetrag am Armloch weglegen, Schulterabnäher auf 9 cm verkürzen, Armloch ausgleichen. HM Naht beschriften, Fadenlauf einzeichen.

Grundaufstellung: Kleiderärmel

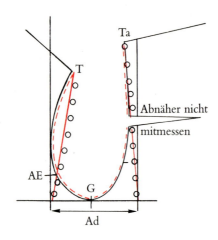

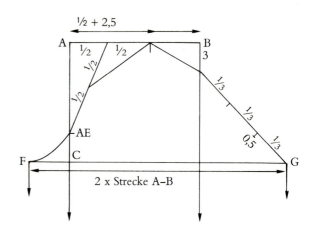

Hilfslinien für Armkugelkonstruktion

.... Ah = Armlochhöhe
- - - - - Umf = Armlochumfang
⟵⟶   Ad = Armlochdurchmesser

Achtung: Bevor der Ärmelschnitt konstruiert wird Ah, Ad + Umfang am Grundschnitt kontrollieren

A – B = Ad + 5 cm
A – C = ½ Ah ∕ 3 cm ! = Kugelhöhe
C – AE = 3 cm
A – D = Ärmellänge
A–B–C–D = auswinkeln
C – E = ½ von C–D ∕ 1 cm
AE – F = Strecke am Grundschnittvorderteil ausmessen,
        von AE bis zur Seitennaht
        Rundung siehe Skizze einzeichnen
F – G = 2 x die Strecke von A–B
        Kugel mit Hilfslinien siehe Skizze
F + G = auswinkeln
        auf der Ellenbogenlinie je 1 cm
        einstellen = Ea + Eb
H – J = Ärmelsaumweite
J – K = 2 cm nach unten
H – K = Ärmelsaumlinie zeichnen
K – M = Strecke von H–Ea übertragen
        Abnäher einzeichnen
H – L = ⅔ Ärmelsaumweite, Ellenbogenabnäher
        kann zu L verlegt werden
G – AE = AE vom hinteren Armloch übertragen

Achtung: die gesamte Kugelweite sollte nicht mehr als 4–5 cm Mehrweite als der Armlochumfang betragen!

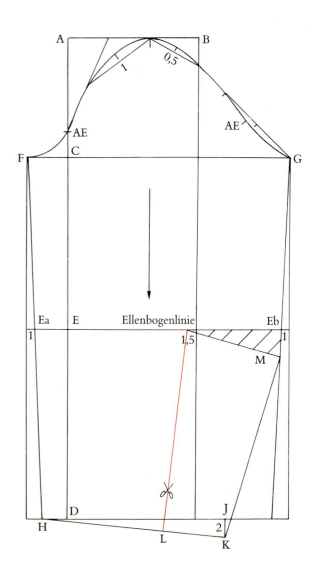

Fertiger Ärmelschnitt

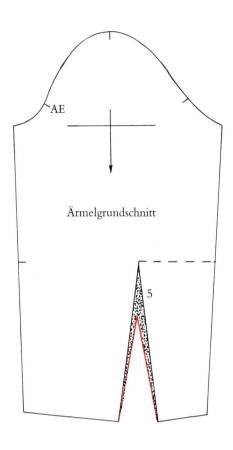

① Ärmelschnitt für Oberarmnaht
Teilungsnaht einzeichnen wie Skizze, Abnäher zusammenlegen

② Strecke am vorderen Armloch G–T ausmessen (siehe kleine Skizze Seite 80) und am Vorderärmel von G–T übertragen. Strecke am hinteren Armloch G–Ta ausmessen und am Hinterärmel von G–Ta übertragen. Rundung nach Wunsch einzeichnen.

Achtung: Diese Ärmelteile sind auch Grundlage für die Raglankonstruktion für Kleider, Seite 99–100

Achtung: Die Auswahl der Raglanformen ist bewußt getroffen worden, da wir dem Raglanärmel den Vorzug geben im Vergleich zum angeschnittenen Ärmel mit Zwickel unter dem Arm. (Enge Mode der 50er Jahre.)
Diese eingesetzten Zwickel haben fast immer zu Reklamationen geführt, da die Ecken leicht ausreißen.

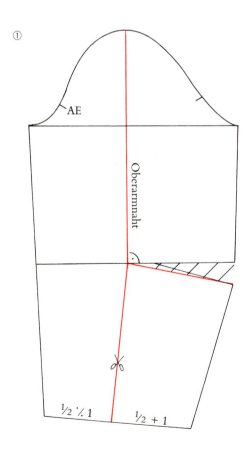
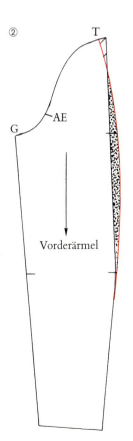
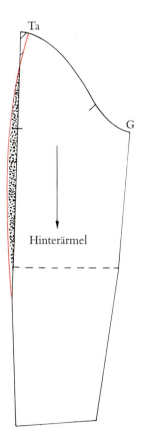

Prinzesskleid: 6 Bahnen mit angeschnittenen Godets

In den Kleidergrundschnitt vorne und hinten gewünschten Halsausschnitt einzeichnen, Teilungsnähte einzeichnen.

Achtung: Bei allen großen Ausschnitten des besseren Sitzes wegen immer 1 cm kneifen, siehe Skizze.
Höhe und Weite der Godets nach Wunsch.

Achtung: Die Höhe der Godets muß im Vorder- und Rückenteil immer gleich sein!
Der Schulterabnäher wird in die Teilungsnaht verlegt, siehe Skizze.

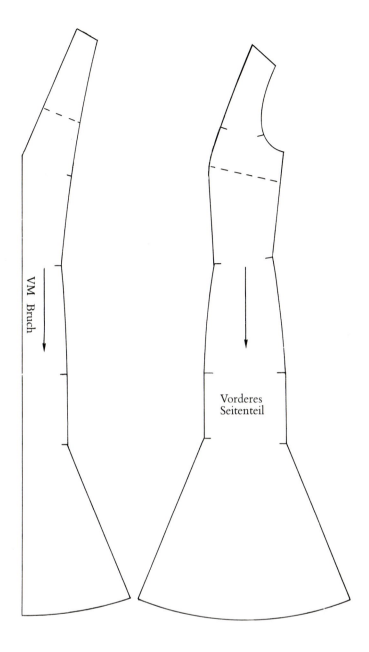

Achtung: Schulterbreite und Nahtverlauf müssen vorne und hinten übereinstimmen.

Fertige Schnitteile

Achtung: Am vorderen Seitenteil ist der Brustabnäher zusammengelegt!

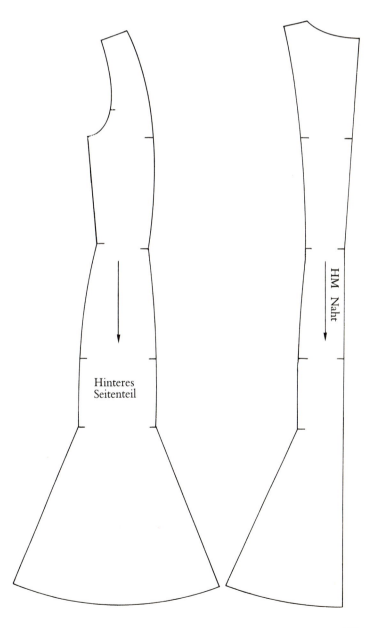

Wiener Nähte: 8 Bahnen mit angeschnittenen Godets

In den Kleidergrundschnitt vorne gewünschten Halsausschnitt einzeichnen, Teilungsnähte einzeichnen.

Achtung: Bei allen großen Ausschnitten des besseren Sitzes wegen immer 1 cm kneifen, siehe Skizze.

Höhe und Weite der Godets nach Wunsch.

Achtung: Die Höhe der Godets muß im Vorder- und Rückenteil immer gleich sein!

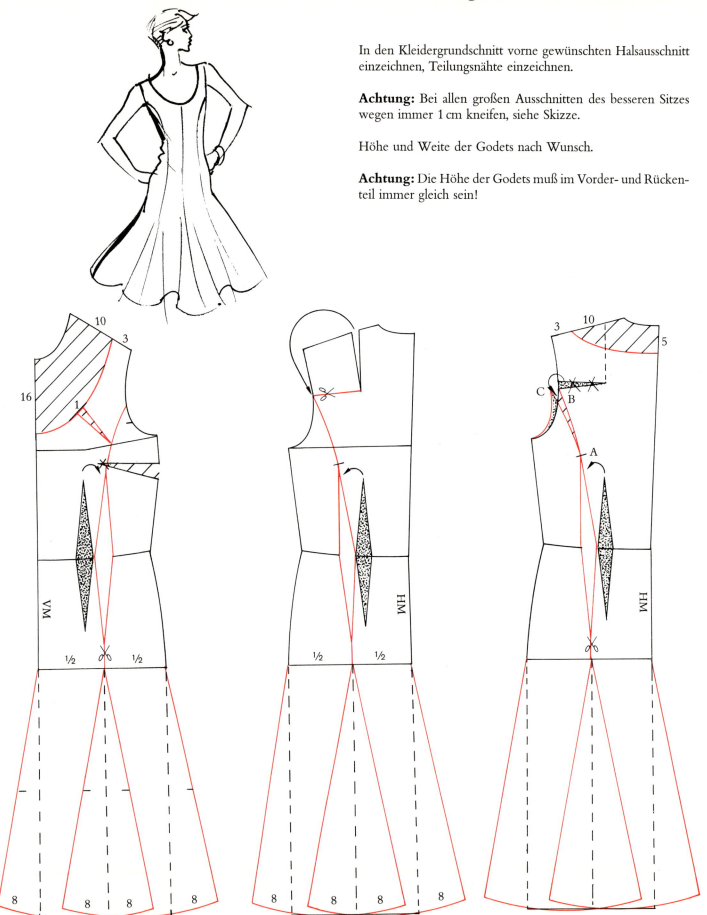

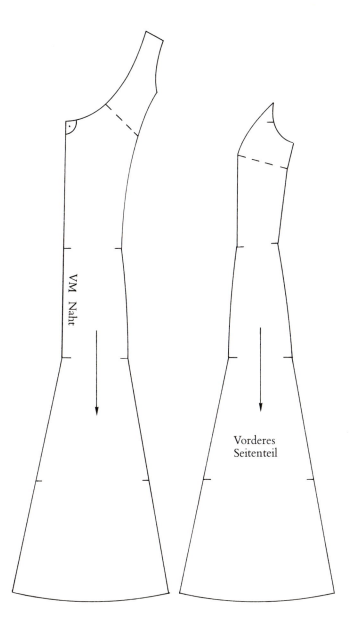

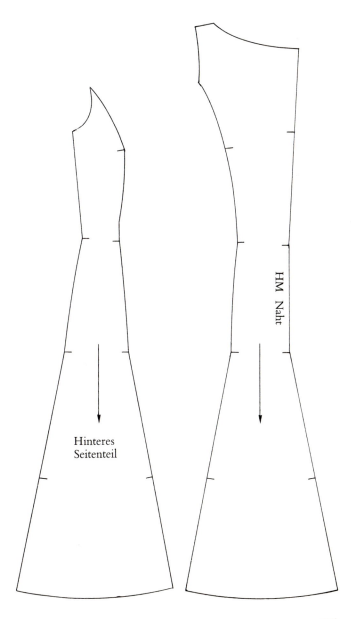

Achtung: Am vorderen Seitenteil ist der Brustabnäher zusammengelegt!

Fertige Schnitteile

Achtung: Die im Vorderteil verbleibende Brustabnäherspitze wird bis Gr. 40 eingehalten, ab Gr. 42 genäht. Um den Abnäher zu vermeiden muß die Wiener Naht über die Brustspitze gezeichnet werden.
Schulterabnäher ins Armloch legen, er wird dann an der Teilungsnaht herausgenommen. Die Strecke von A–B muß mit der von A–C übereinstimmen, eventuell am Armloch des Seitenteils ausgleichen, siehe Skizze.
Halsausschnitt einzeichnen siehe Skizze.

Die Corsage

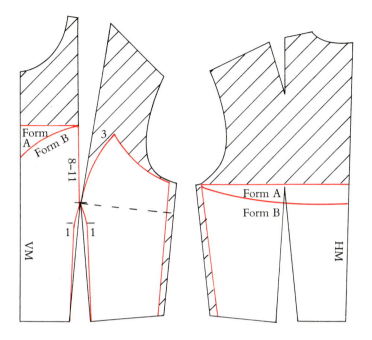
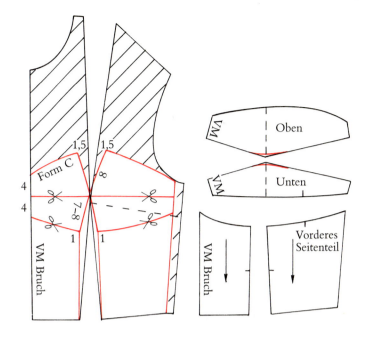

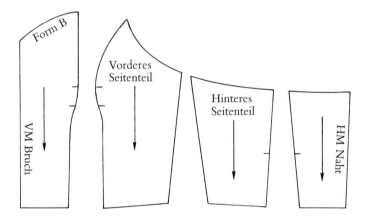

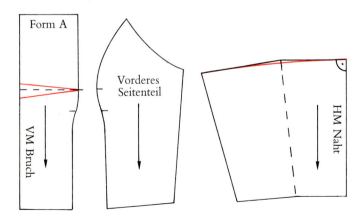

Der Brustabnäher des Kleidergrundschnittes ist zur Schulter verlegt worden.
An den Seiten Grundschnitt auf Körpermaß reduzieren. Gewünschte Form der Corsage einzeichnen. Form C: Büstenteile kopieren und Schnitteile zusammenlegen, siehe Skizze, Linien ausgleichen. Entweder Rückenteil A oder B verwenden.

Achtung: Stangen werden über der Brust, an den Seiten und HM eingenäht. Jede Form der Drapierung auf der Corsage ist möglich. Bei starkem Busen zusätzlich Träger anbringen!

Kleid mit aufgedrehtem Oberteil

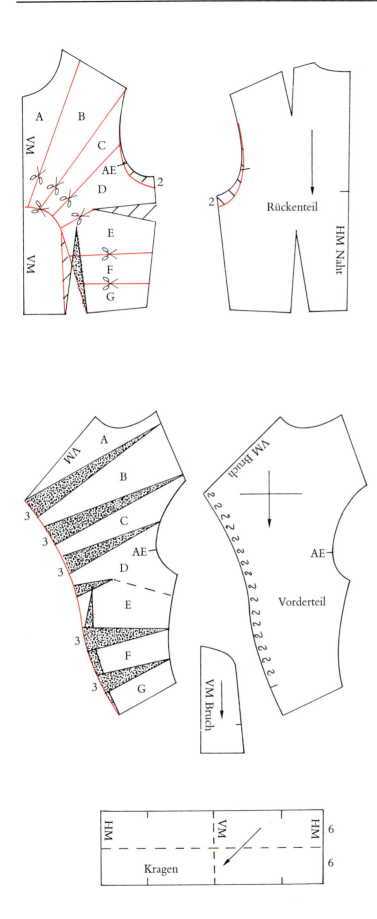

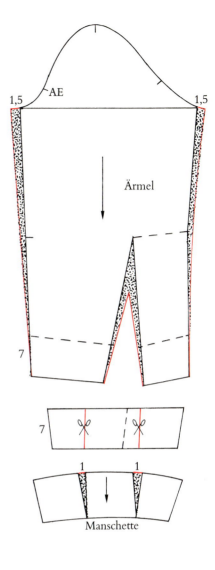

In den Kleidergrundschnitt Teilungsnaht einzeichnen und Linien zum Aufdrehen markieren.
Armloch vertiefen.
Der Taillenabnäher wird in die Teilungsnaht verlegt, siehe Skizze. Der Brustabnäher wird für Kräuselweite zusammengelegt.
Schnitteil je nach Stoffqualität aufdrehen (dicker Stoff weniger – dünner Stoff mehr Weite zum Kräuseln).
Vorne und hinten neues Armloch ausmessen und Differenz am Ärmel zugeben, siehe Skizze.
Achtung: An der Armkugel 3 bis 4 cm Einhalteweite beachten!
Manschette an markierter Linie kopieren und aufdrehen.
Vorderes und hinteres Halsloch ausmessen und Kragen zeichnen. Rockschnitt Seite 6.

Kleid mit Blende und aufgedrehtem Vorderteil

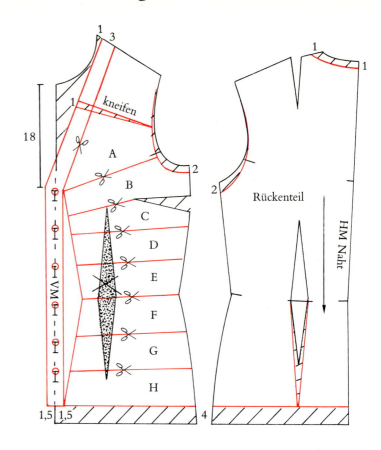

Ansatzhöhe für den Rock bestimmen. Rock: 2 bis 3fache Weite, je nach Stoffqualität oder Glocke ansetzen (Konstruktion Seite 18). In den Kleidergrundschnitt vorne und hinten gewünschten Ausschnitt einzeichnen.

Achtung: Bei allen großen Ausschnitten des besseren Sitzes wegen immer 1 cm kneifen, siehe Skizze.
Armloch vertiefen.
Übertritt anzeichnen, Blende einzeichnen. Der Taillenabnäherbetrag wird an der Blende herausgenommen, siehe Skizze.
Linien zum Aufdrehen markieren, der Brustabnäher wird für Kräuselweite zusammengelegt.

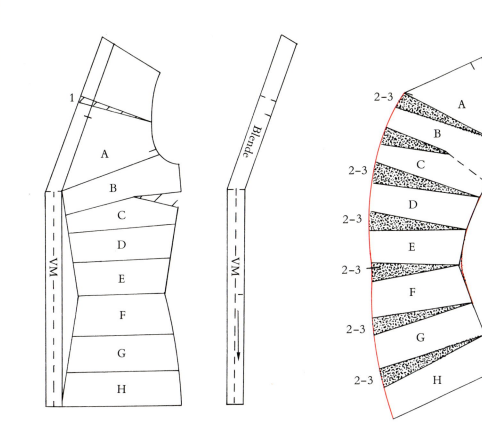
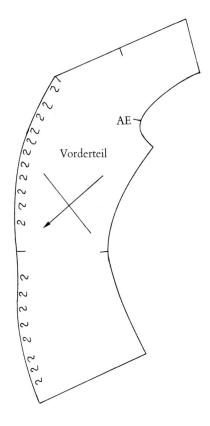
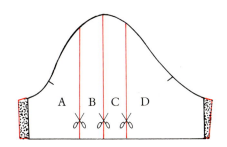
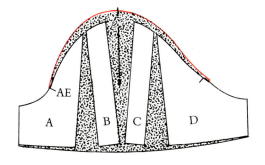

Blende abtrennen, Schnitteil aufdrehen je nach Stoffqualität. Ärmellänge nach Wunsch im Ärmelgrundschnitt einzeichnen. Vorne und hinten neues Armloch ausmessen und Differenz am Ärmel zugeben, siehe Skizze. Linien zum Aufdrehen markieren, am aufgedrehten Ärmel je nach Stand der Kugel 2 bis 3 cm erhöhen, siehe Skizze.

Gerades Kleid mit runden Passenteilen

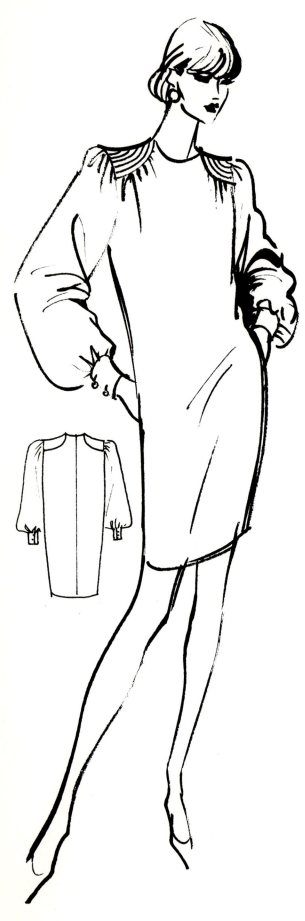

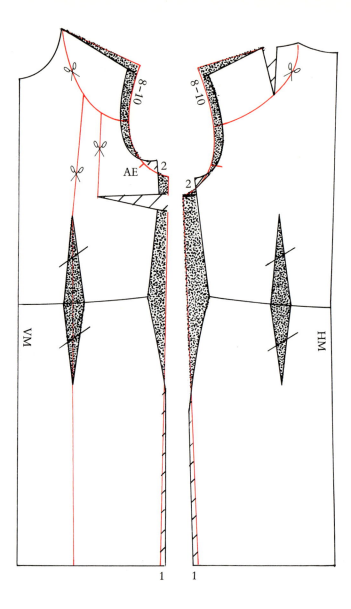

Am Kleidergrundschnitt Schulter verbreitern und für Polster erhöhen. Armloch vertiefen und Ow zugeben. Passen in gewünschter Form einzeichnen. Linien zum Aufdrehen markieren. Der Brustabnäher wird für Kräuselweite zusammengelegt.

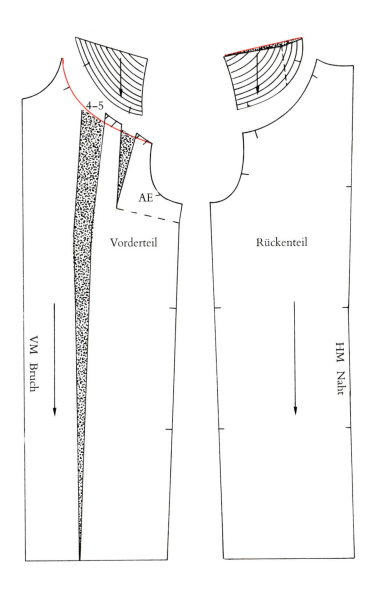
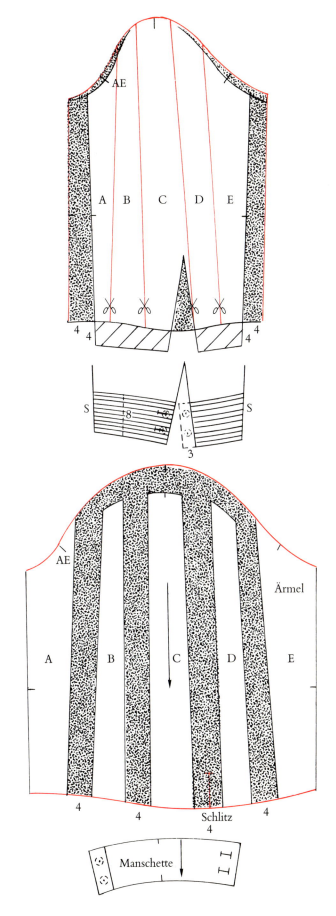

Vorderes Schnitteil in gewünschter Weite aufdrehen.
Vorne und hinten neues Armloch ausmessen, Differenz am Ärmelgrundschnitt zugeben, siehe Skizze.
Ärmelschnitt um die Hälfte der Manschettenbreite verkürzen, Linien zum Aufdrehen markieren.
Am aufgedrehten Ärmel je nach Stand der Kugel 6 bis 8 cm erhöhen und Armkugel ausgleichen.
Manschette: Unteren Teil des Ärmelgrundschnittes kopieren, Seitenteile aneinanderlegen, Untertritt anzeichnen, siehe Skizze.

Oberteil mit Sattel und Schößchen

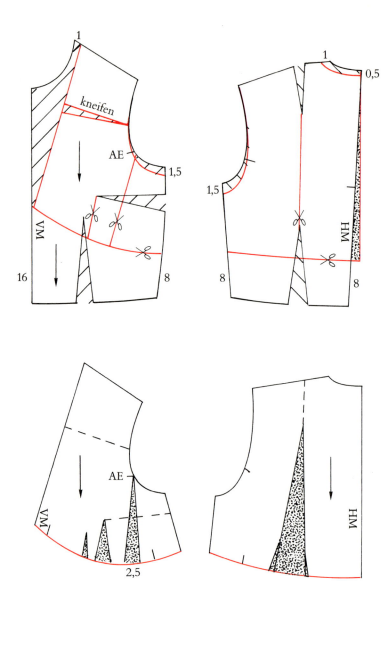

In den Kleidergrundschnitt vorne und hinten gewünschten Ausschnitt einzeichnen.

Achtung: Bei allen großen Ausschnitten des besseren Sitzes wegen immer 1 cm kneifen, siehe Skizze.

Armloch vertiefen, Teilungslinien einzeichnen, Linien zum Aufdrehen markieren, HM für Kräuselweite zugeben.
Oberteile aufdrehen, Brustabnäher und Schulterabnäher werden für Kräuselweite zusammengelegt.

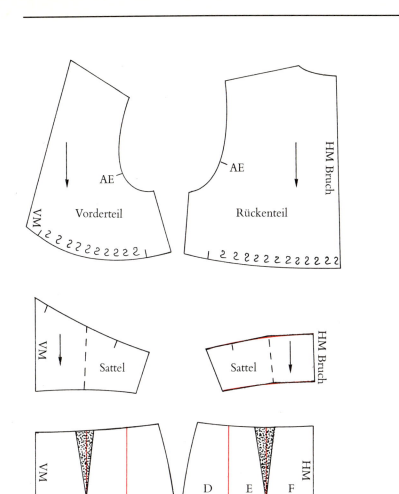

Fertige Schnitteile Oberteil

Im Sattel vorne und hinten Taillenabnäher zusammenlegen und Linien ausgleichen.

Schößchen: Form in den Rockgrundschnitt einzeichnen, Linien zum Aufdrehen markieren, siehe Skizze. Schnitteil in gewünschter Weite aufdrehen.

Vorne und hinten neues Armloch ausmessen und Differenz am Ärmel zugeben, siehe Skizze.

Achtung: An der Armkugel 3 bis 4 cm Einhalteweite beachten!

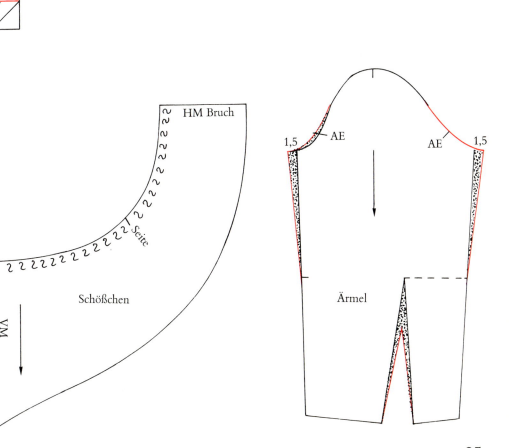

Kleid im Kimonoschnitt

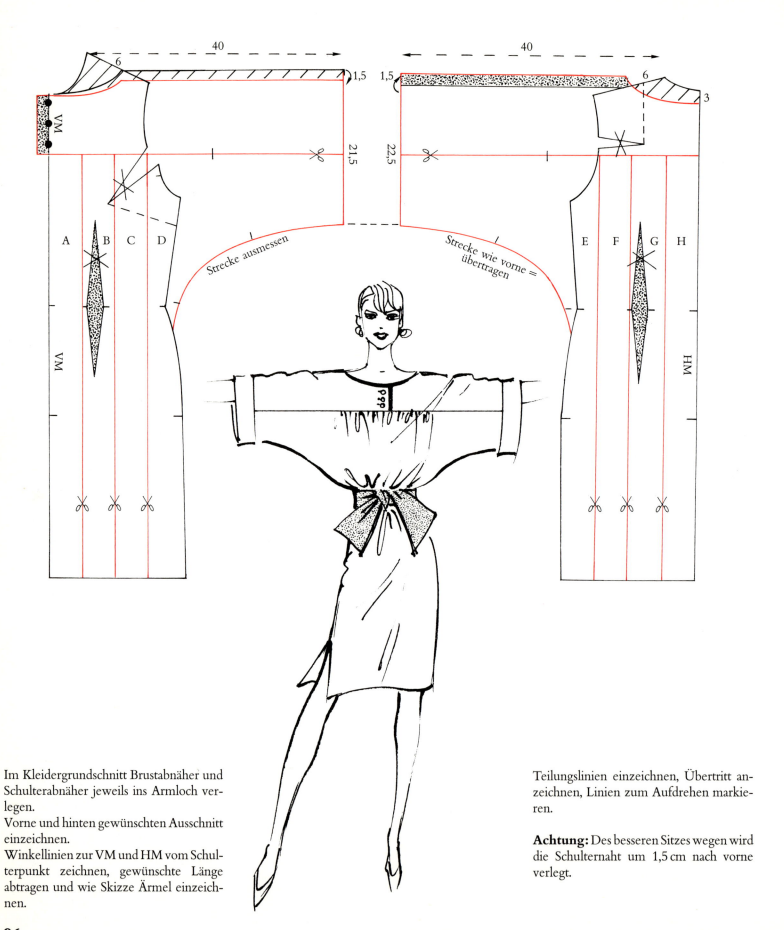

Im Kleidergrundschnitt Brustabnäher und Schulterabnäher jeweils ins Armloch verlegen.
Vorne und hinten gewünschten Ausschnitt einzeichnen.
Winkellinien zur VM und HM vom Schulterpunkt zeichnen, gewünschte Länge abtragen und wie Skizze Ärmel einzeichnen.

Teilungslinien einzeichnen, Übertritt anzeichnen, Linien zum Aufdrehen markieren.

Achtung: Des besseren Sitzes wegen wird die Schulternaht um 1,5 cm nach vorne verlegt.

Beleg am vorderen Passenteil anzeichnen. Schnitteile nach Wunsch und Stoffqualität aufdrehen.

Kleid mit Raglanärmel

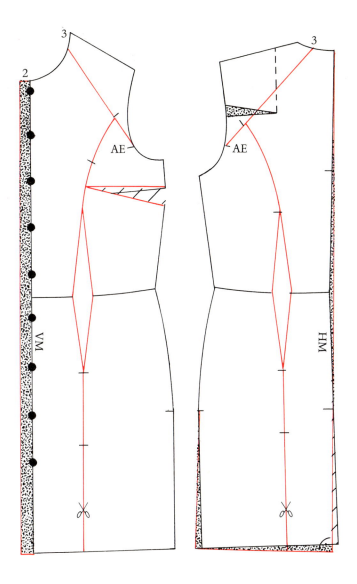

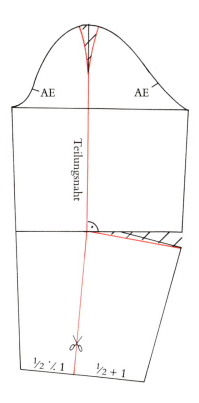

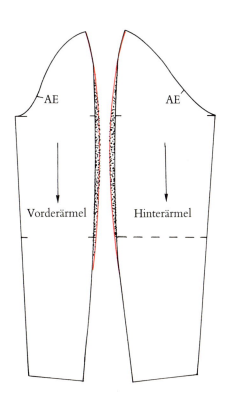

An den Kleidergrundschnitt Übertritt anzeichnen, der Schulterabnäher wird in das Armloch verlegt. HM für Bruch umstellen, siehe Skizze. Teilungsnähte einzeichnen.

Achtung: Die Raglannähte beginnen an den AE Punkten! Die Raglannähte können zum Halsloch hin beliebig verändert werden.
Konstruktion Oberarmnaht Seite 81.

Achtung: Armlochvertiefung beim klassischen Raglan höchstens 1 bis 2 cm! Diese Veränderungen am Armloch und Ärmel müssen vor der Raglankonstruktion vorgenommen werden!

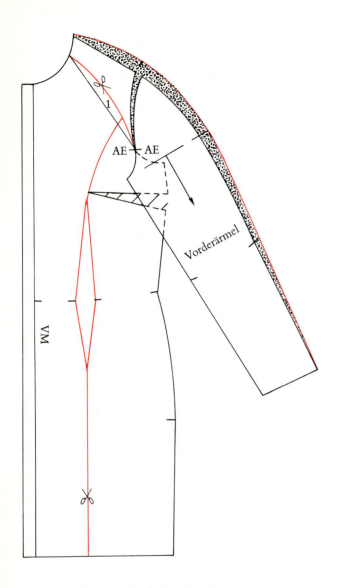
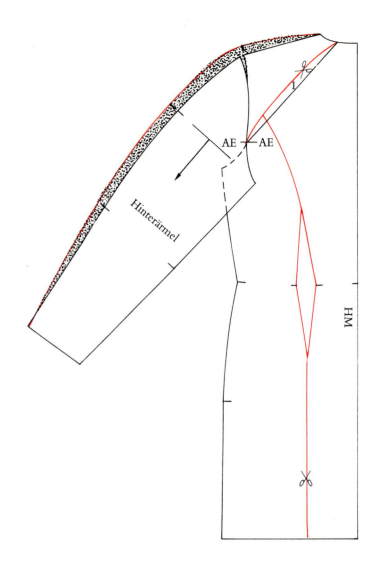

Achtung: Beispiel für flache Kugel

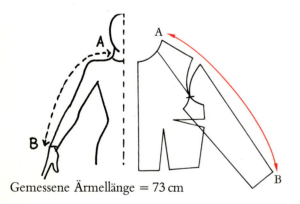

Gemessene Ärmellänge = 73 cm

Schulterbreite	= 14 cm
Ärmellänge Schnitt	= 57 cm
	71 cm
Fehlbetrag	= 2 cm
Zwischenraum von	
Armkugel und Schulter	= 2 cm vorne und hinten

Vorder- und Rückenärmel so anlegen, daß die AE Punkte aneinanderstoßen. Die Armkugel stößt bei einem gut sitzendem Ärmel mit normal hoher Kugel (ca. 15 cm) an die Schulternaht.

Achtung: Ist die Armkugel flacher, entsteht ein entsprechend großer Zwischenraum. Dieser Zwischenraum ergibt sich aus der Kontrolle der Ärmellänge und Schulterbreite, siehe kleines Beispiel.
Für Polstererhöhung zugeben wie Skizze.
Raglannaht einzeichnen wie Skizze.

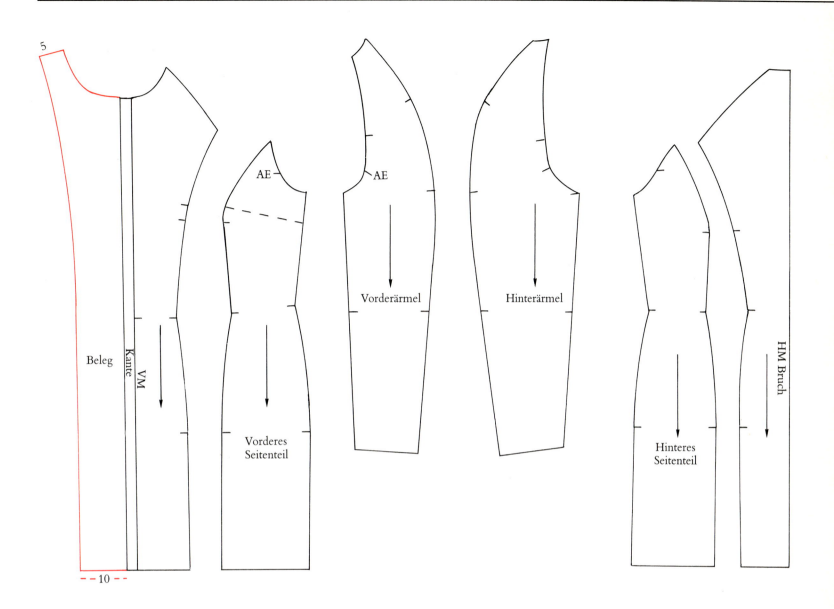

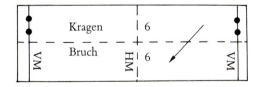

Fertige Schnitteile
Am Vorderteil Beleg anzeichnen, am vorderen Seitenteil ist der Brustabnäher zusammengelegt.
Vorderes und hinteres Halsloch ausmessen und Kragen zeichnen.

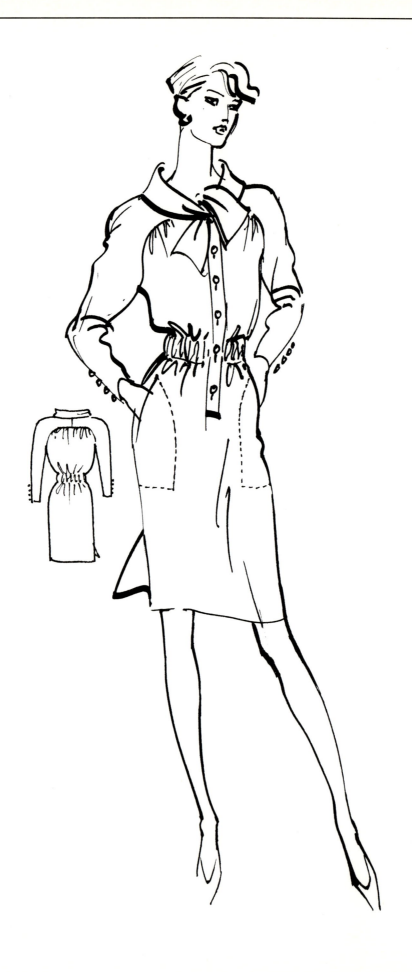

Kleid mit Raglanvariation

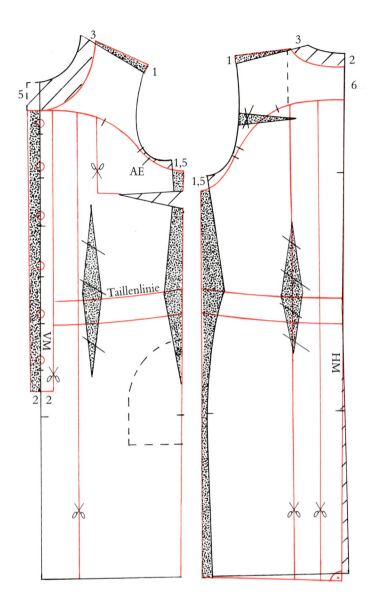
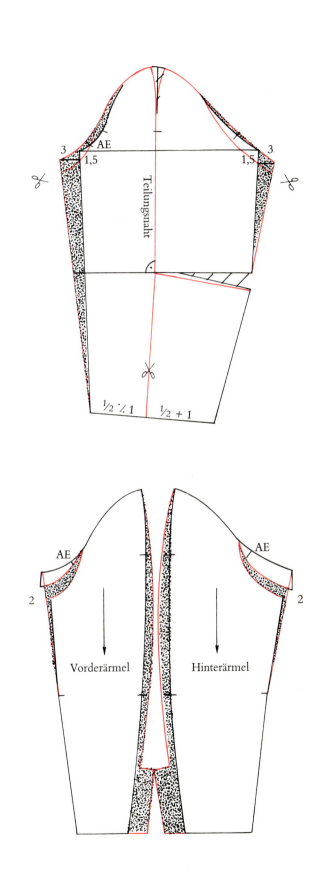

In den Kleidergrundschnitt vorne und hinten Halsausschnitt einzeichnen, Schulter für Polster erhöhen.
Übertritt anzeichnen und Leiste markieren. Schulterabnäher ins Armloch verlegen, Armloch vorne und hinten vertiefen, Oberweite zugeben, HM für Bruch umstellen, siehe Skizze.
Teilungsnähte für Raglanmodell einzeichnen, Linien zum Aufdrehen markieren, der Brustabnäher wird für Kräuselweite zusammengelegt. Vorne und hinten neues Armloch ausmessen und Differenz am Ärmel zugeben, siehe Skizze.

Achtung: 3 bis 4 cm Einhalteweite beachten!
Konstruktion Oberarmnaht Seite 81.
An der Oberarmnaht Rundung in schöner Form einzeichnen und Belege für den Schlitz anzeichnen. Ärmel aufdrehen wie Skizze, denn die innere Ärmelnaht darf nicht verkürzt werden.

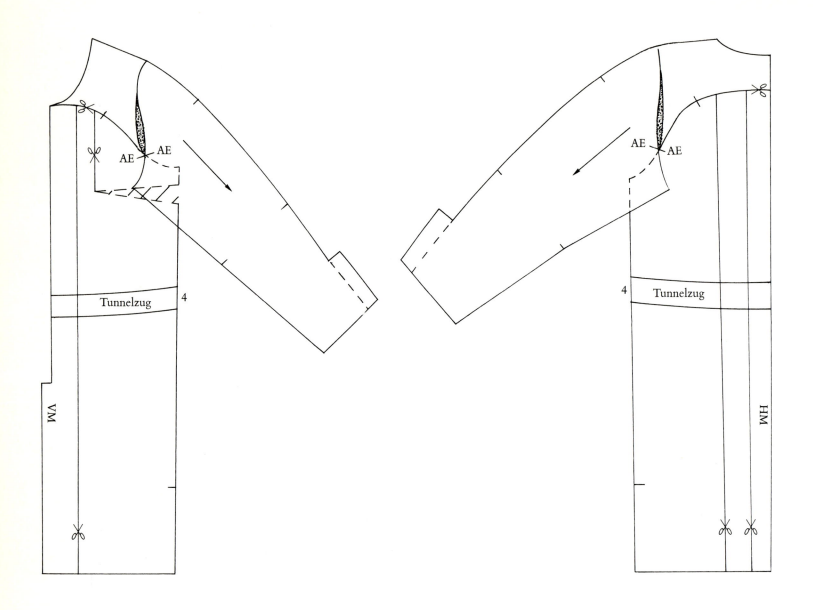

Vorder- und Rückenärmel so anlegen, daß die AE Punkte aneinanderstoßen und die Armkugel an die Schulternaht trifft.

Achtung: Beschreibung für flache Armkugel Seite 100.

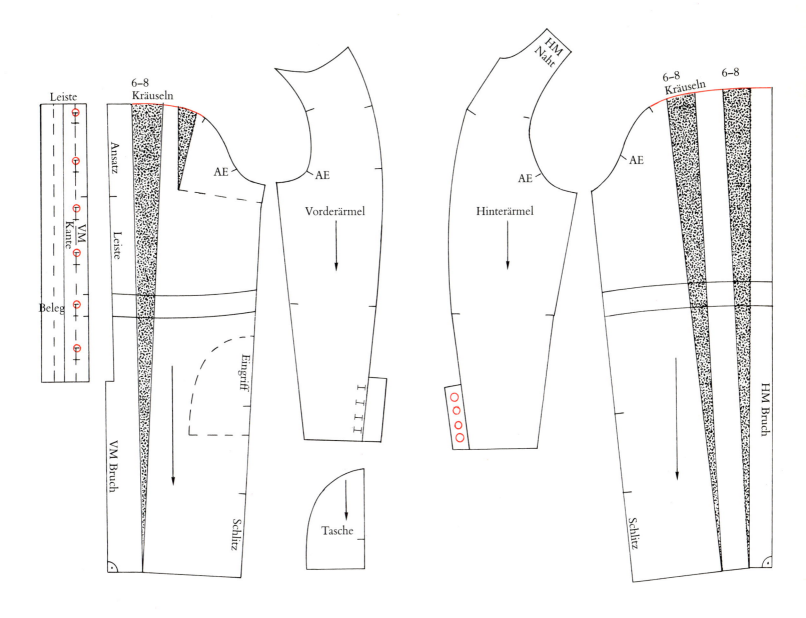

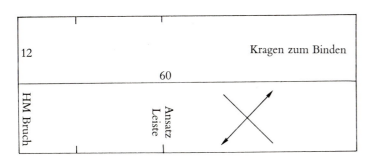

An die Leiste Beleg anzeichnen.
Schnitteile für Kräuselweite nach Wunsch aufdrehen. Der Brustabnäher wird für Kräuselweite zusammengelegt.
Für den Kragen vorderes und hinteres Halsloch ausmessen, zum Binden Länge zugeben, Breite nach Wunsch zeichnen.

Kleid mit Faltenpartie

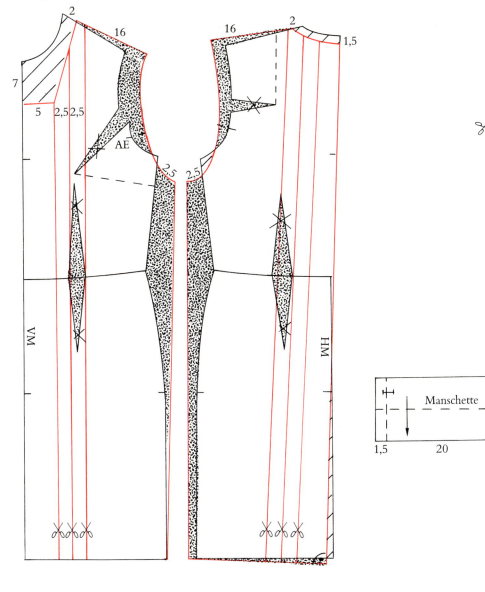
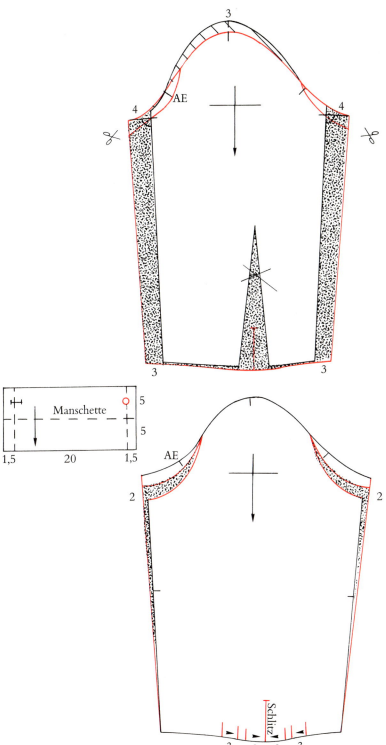

Im Kleidergrundschnitt Brustabnäher und Schulterabnäher jeweils ins Armloch verlegen.

Achtung: Das vordere Armloch darf nicht größer sein als das hintere Armloch, eventuell an der vorderen Schulter ausgleichen!

Vorne und hinten Ausschnitt einzeichnen.

Achtung: Kopfumfang beachten!

Schulter verbreitern und für Polster erhöhen, Armloch vertiefen und Oberweite zugeben wie Skizze. HM für Bruch umstellen, siehe Skizze. Linien für Falten einzeichnen.

Am Ärmelgrundschnitt Armkugel um den Betrag der Schulterverbreiterung flacher zeichnen

Achtung: Bei flacher Armkugel und breitem Ärmel keine oder nur wenig Weite zum Einhalten berechnen. Vorne und hinten neues Armloch ausmessen und Differenz am Ärmel zugeben, siehe Skizze. Ärmel aufdrehen wie Skizze, denn die innere Ärmelnaht darf nicht verkürzt werden!

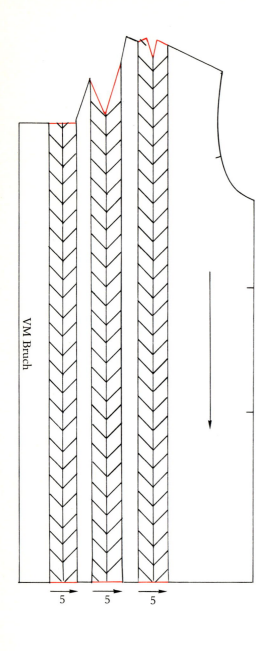
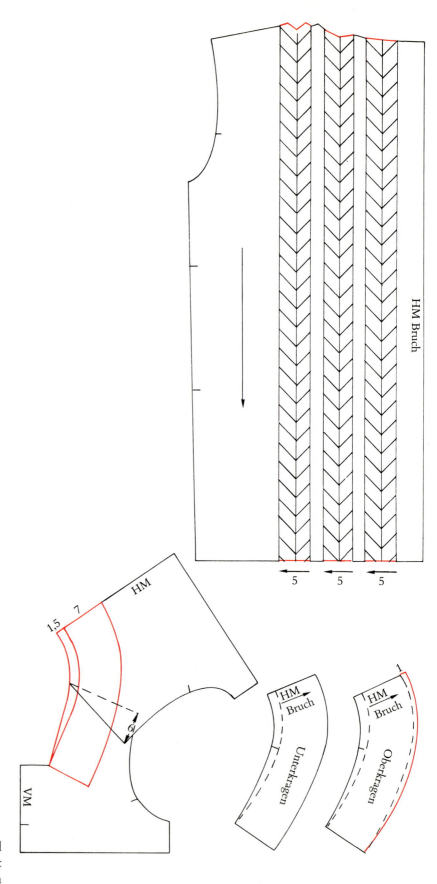

Am Vorder- und Rückenteil Falteninhalte zugeben.
Kragen: Vom Schnitt mit neuem Halsloch kopiertes Vorder- und Rückenteil übereinanderlegen, siehe Skizze. Kragenform mit Kragenstand und Kragenbreite einzeichnen, Rollweite an den Oberkragen anzeichnen, siehe Skizze.

Ärmelvariationen

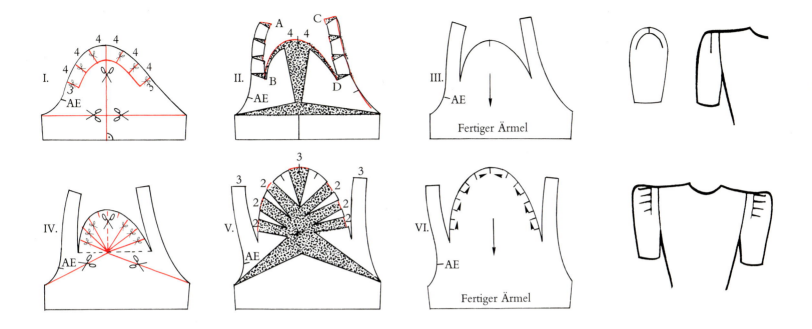

I. In den Ärmelgrundschnitt Linien zum Aufdrehen markieren.
II. Linien einschneiden und aufdrehen. Strecke von A bis B und C bis D ausmessen, Kugel entsprechend erhöhen und Maße vergleichen.
III. Dieser fertige Ärmel ist Grundlage für eine weitere Variation.
IV. In den Grundärmel Bild III Linien zum Aufdrehen markieren.
V. Ärmelschnitt aufdrehen siehe Skizze. Höhe der Kugel, Faltenanzahl und Breite des Ärmels ist nach Wunsch variabel.
VI. Fertiger Ärmel

Keulen-Ärmel

I. In den Ärmelgrundschnitt Linie zum Aufdrehen markieren.
II. Ärmel nach Wunsch und Stoffqualität aufdrehen. Soll der Ärmel im Ellenbogenbereich eng sein, den Abnäher nicht zulegen. Mehrweite dann seitlich wegzeichnen. Beliebig viele Falten einzeichnen.
III. Falten aufschneiden und wie Skizze aufteilen.

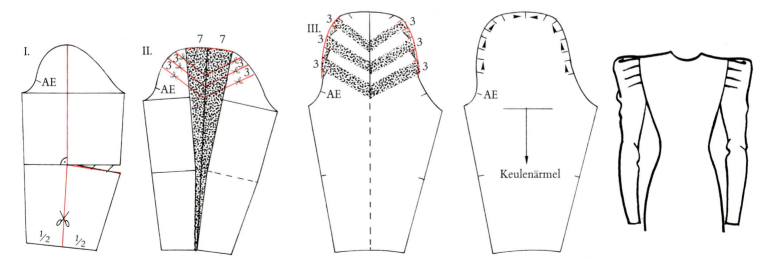

109

Einseitig drapiertes Kleid

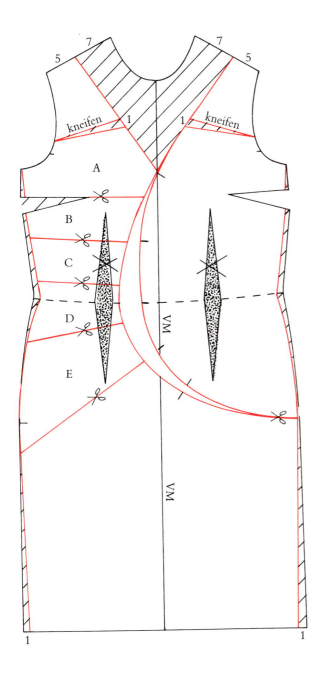
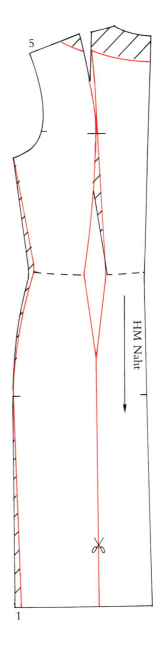

Vorderteil vom Kleidergrundschnitt doppeln, vorne und hinten Ausschnitt einzeichnen.

Achtung: Bei allen großen Ausschnitten des besseren Sitzes wegen immer 1 cm kneifen, siehe Skizze!

Achtung: Bei einseitigen Effekten müssen die Teilungslinien seitenverkehrt eingezeichnet werden, da beim Zuschnitt die linke Stoffseite oben liegt und dann die Linienführung der Zeichnung entspricht. Teilungsnähte einzeichnen. Die Taillenabnäher des Vorderteils werden seitlich und an der Teilungsnaht abgetragen, siehe Skizze. Saumweite nach unten enger stellen, Linien zum Aufdrehen markieren. Bei dem aufgedrehten Teil wird der Brustabnäher für Kräuselweite zusammengelegt.

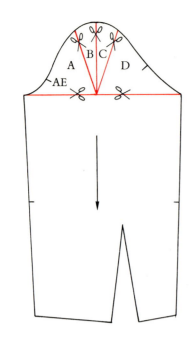
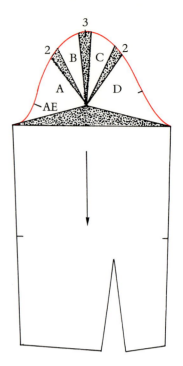
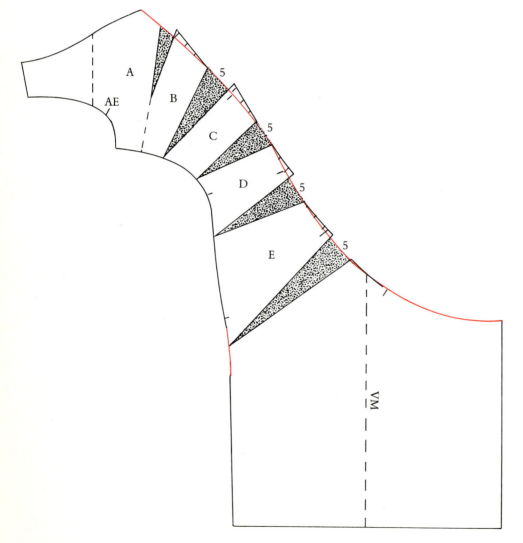

Vorderteil nach Wunsch aufdrehen (Stoffqualität beachten).
Im Ärmelgrundschnitt Linien zum Aufdrehen markieren, Armkugel für Kräusel aufdrehen, dadurch wird die Armkugel ca. 3 bis 4 cm höher, neue Kugel in schöner Form einzeichnen.

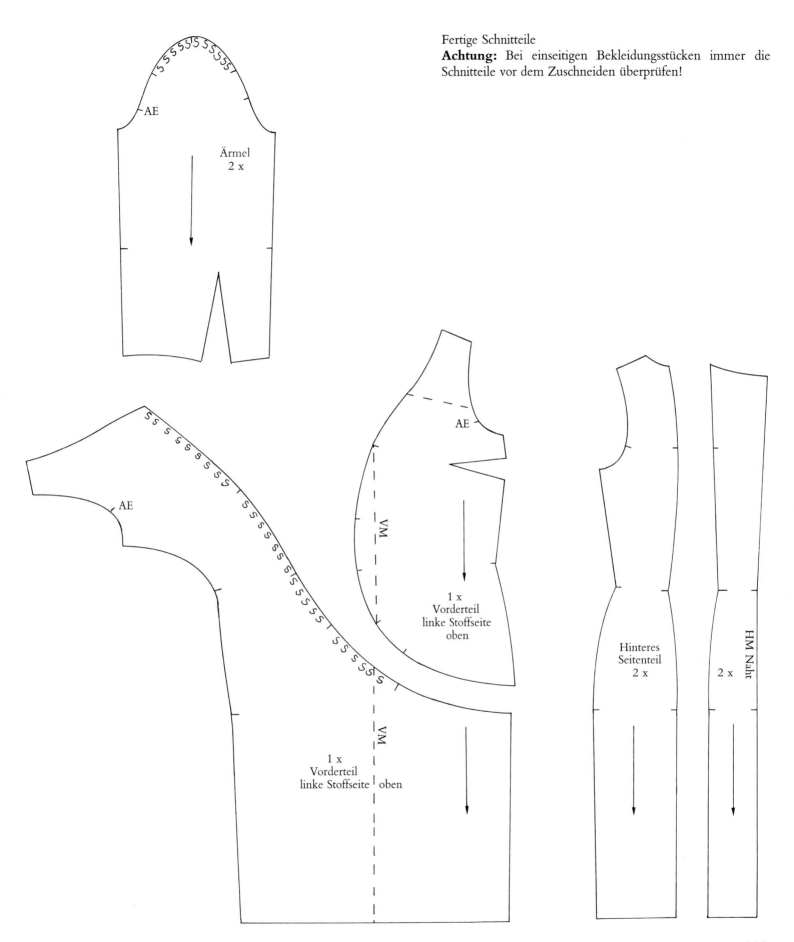

Asymmetrisches Kleid

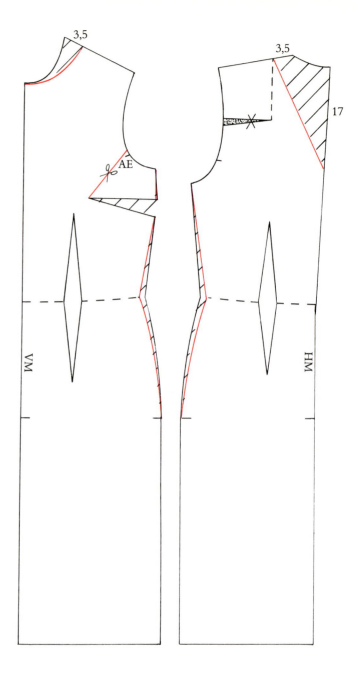

In den Kleidergrundschnitt vorne und hinten Ausschnitt einzeichnen. Schulterabnäher ins Armloch verlegen. Seitennaht stärker taillieren.

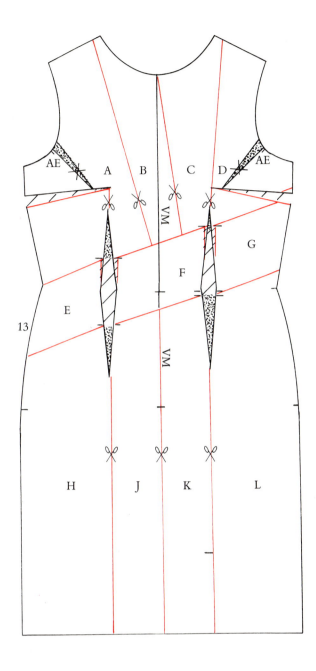
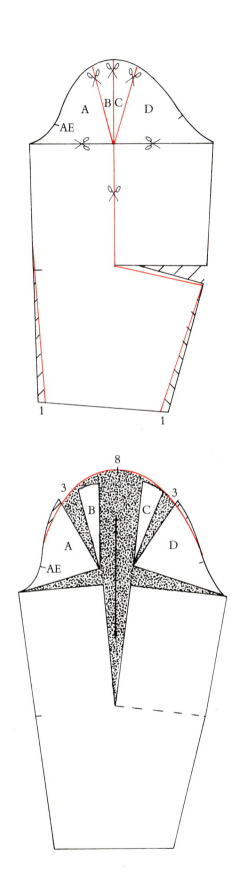

Vorderteil doppeln, die Hälfte des Brustabnähers ins Armloch verlegen.

Achtung: Bei einseitigen Effekten müssen die Teilungslinien seitenverkehrt eingezeichnet werden, da beim Zuschnitt die linke Stoffseite oben liegt und dann die Linienführung der Zeichnung entspricht.

Teilungsnähte einzeichnen und Linien zum Aufdrehen markieren. Im Ärmelgrundschnitt Linien zum Aufdrehen markieren. Für starke Kräuselung wird der Abnäher in die Armkugel verlegt, neue Kugel in schöner Form einzeichnen.

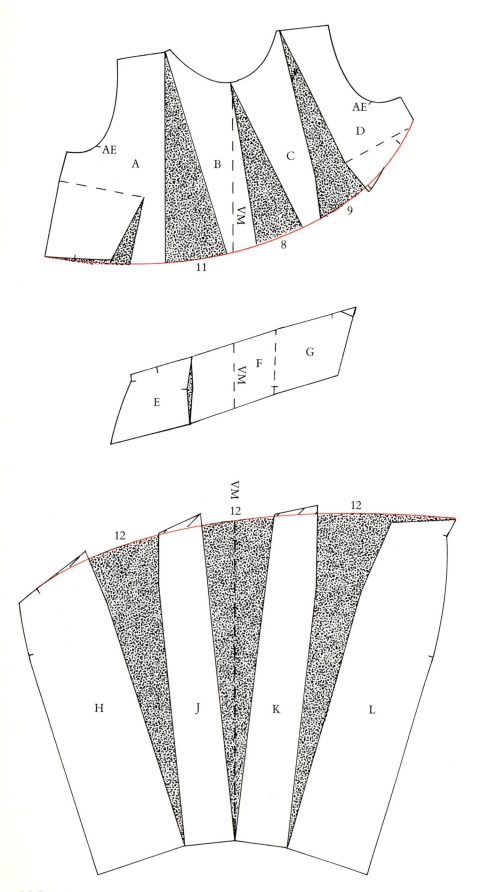

Oberteil und Rockteil in gewünschter Weite aufdrehen (Stoffqualität beachten). Taillenabnäher im Blendenteil zusammenlegen.

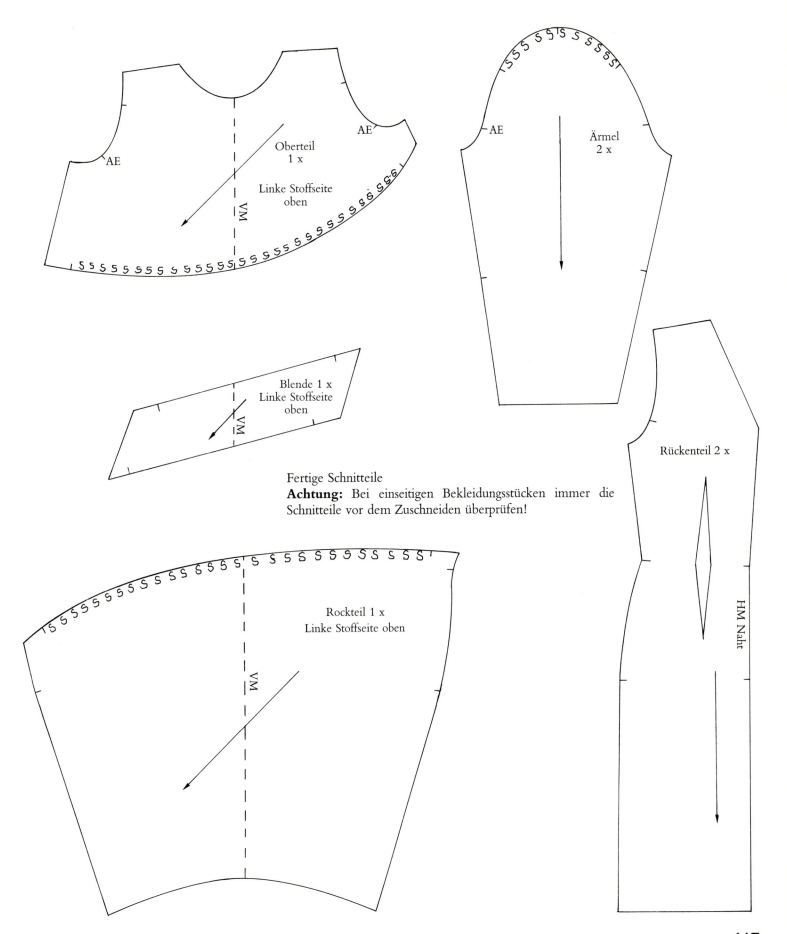

„Robe de cornet"

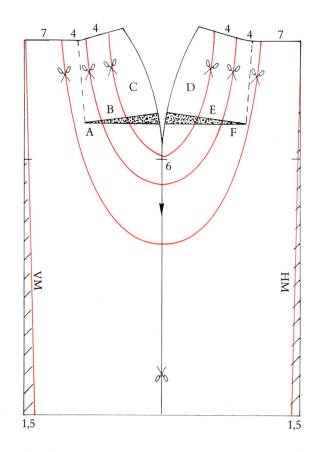

Im Kleidergrundschnitt vorne und hinten Halsloch vergrößern, Tiefe des Ausschnitts VM markieren.
Bei R = Winkellinie zur Schulter
R–H = ausgemessenes neues hinteres Halsloch
H–J = Winkellinie = Stehkragenbreite
von J = Winkellinie und Ausschnitt in schöner Form zur VM zeichnen.
Der Brustabnäher wird zur Taille verlegt, den Taillenabnäher verlegen wie Skizze. Im Rockschnitt vorderen und hinteren Abnäher in die Seitennaht verlegen, siehe Skizze. Linien zum Aufdrehen der Falten markieren.
VM und HM zum Saum enger stellen.

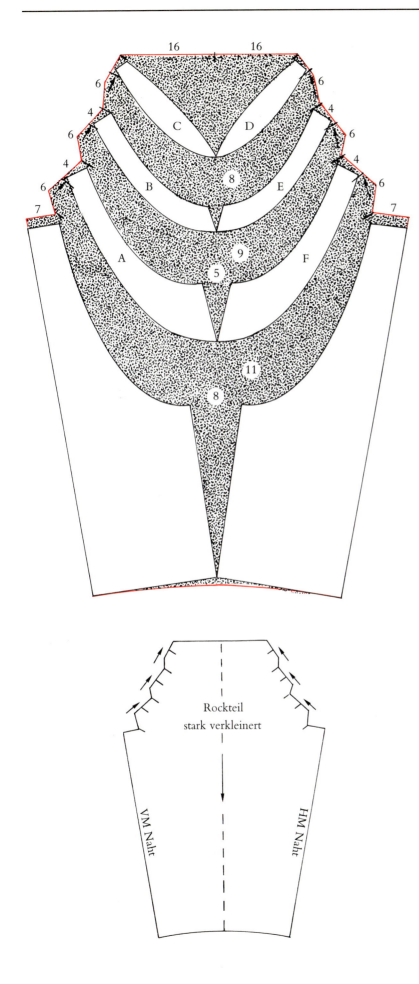

Rockschnitt je nach gewünschter Faltentiefe aufdrehen.
Achtung: Dieses Modell muß ohne Seitennaht gearbeitet werden!
Ärmel = Ärmelgrundschnitt
Das fertige Rockschnitteil ist stark verkleinert gezeichnet, Achtung!

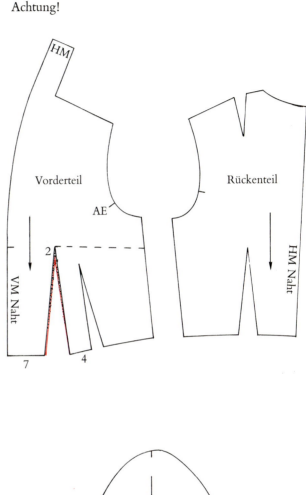

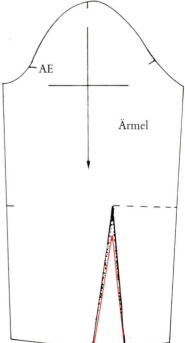

119

Abendkleid mit drapiertem Rückenausschnitt

In den Kleidergrundschnitt vorne und hinten Ausschnitt einzeichnen. Brustabnäher in die Taille verlegen, Schulterabnäher ins Armloch. Winkellinien zur VM und HM vom Schulterpunkt zeichnen, Schulterschräge zeichnen wie Skizze. Verbleibende Schulterbreite und Ärmellänge kontrollieren und Ärmel zeichnen wie Skizze.

Achtung: Für Bewegungsweite in der Taille Länge zugeben wie Skizze.
Rockschnitt verlängern, Übertritt und Umschlag zugeben, seitlich und HM ausstellen. Linien zum Aufdrehen markieren.

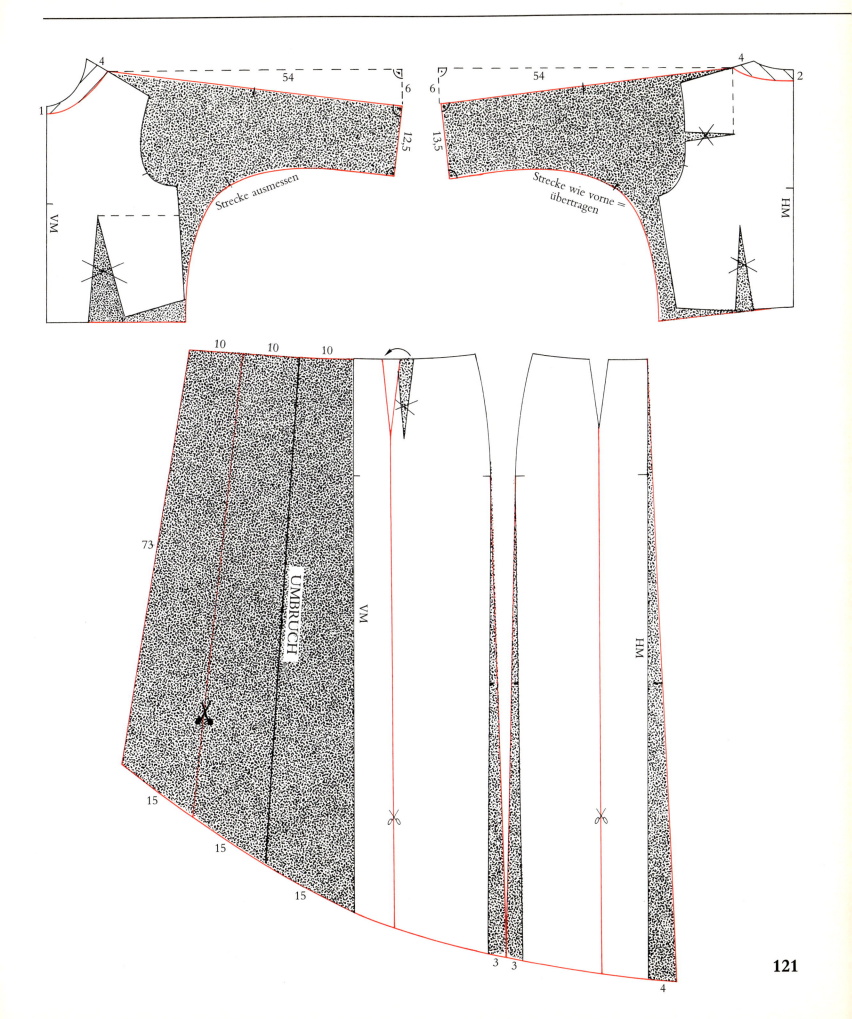

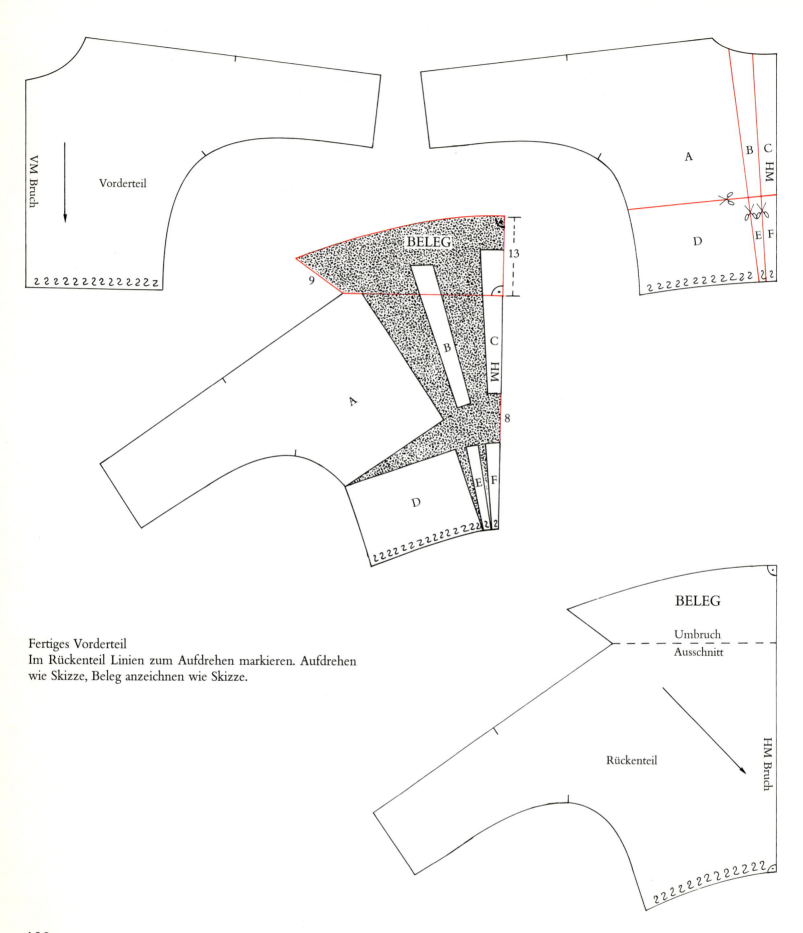

Fertiges Vorderteil
Im Rückenteil Linien zum Aufdrehen markieren. Aufdrehen wie Skizze, Beleg anzeichnen wie Skizze.

Rockteile aufdrehen wie Skizze. Für mehr Rockweite Abnäher ganz weglegen.

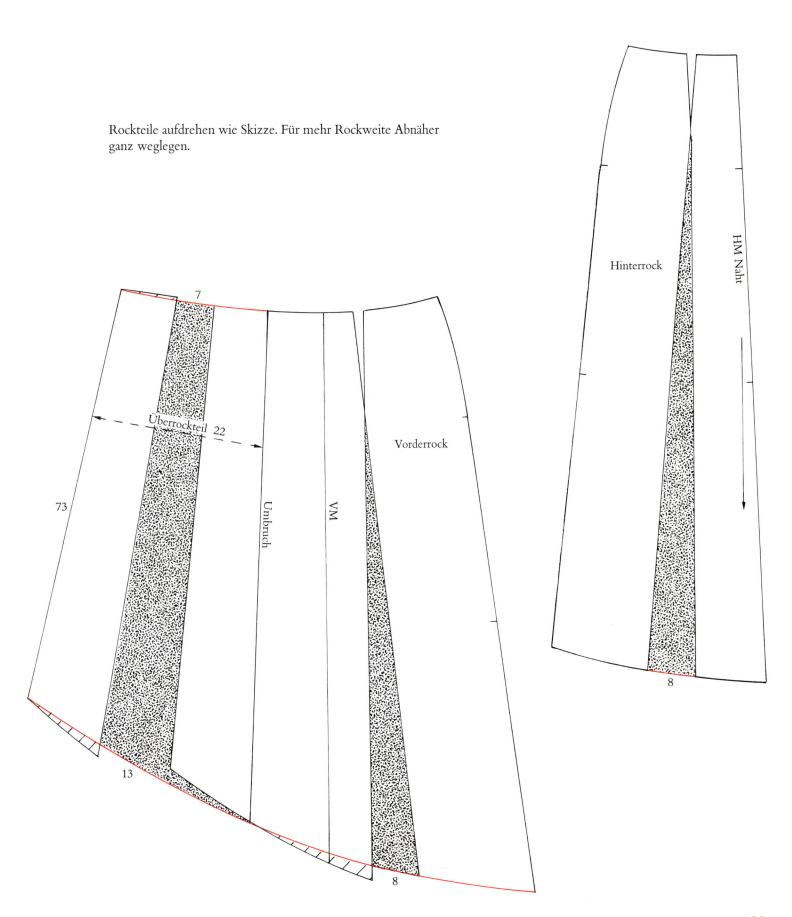

Das Maßnehmen (ohne Oberbekleidung)

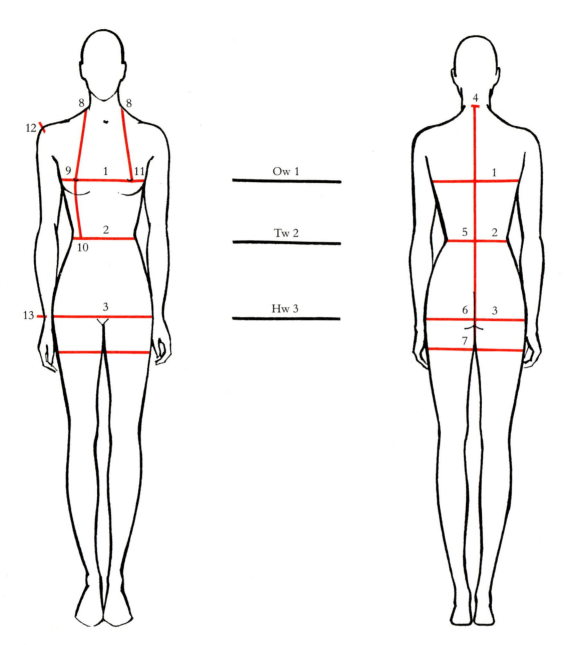

1	= Ow –	Oberweite
2	= Tw –	Taillenweite
3	= Hw –	Hüftweite
4	=	Halswirbelpunkt
4–5	= Rl –	Rückenlänge gemessen vom Wirbel
4–6	= Ht –	Hüfttiefe
4–7	= Lg –	Länge gemessen vom Wirbel nach Mode und Geschmack
8	=	Halspunkte
8–9–10	= Vl –	Vordere Länge
8–11	= Bt –	Brusttiefe
12	=	Armkugelpunkt
8–12	=	Schulterbreite
12–13	= Älg –	Ärmellänge

Achtung: Vor dem Maßnehmen muß um die Taille ein festes, ca. 2 cm breites Band gelegt werden, damit alle Maße korrekt ermittelt werden können!

Achtung: Zugaben für die Bewegungsfreiheit sind in den Berechnungen der Tabellen für Rb, Ad und Bb jeweils enthalten. Diese betragen bei der Jacke: ½ Ow + 9 cm
Wird mehr Bewegungsfreiheit in der Oberweite gewünscht, diese zusätliche Mehrweite gleichmäßig auf Rb, Ad und Bb verteilen.

Achtung: Wird das Modell enger als der Grundschnitt oder beginnt das Revers über der Brustlinie muß der Schnitt in der VM immer gerade gestellt werden. Beispiele zum gerade stellen der VM Seiten 154–155, 156–157, 158–159, 160–161, 162–163, 167, 171, 174, 177, 179, 187

Maßtabelle für BLAZERGRUNDSCHNITT GR.   für DAMEN (Eng gemessen ohne Zugaben)

		1/2	1/4	1/8
Ow – Oberweite (Körpermaß)				
Tw – Taillenweite "				
Hw – Hüftweite "				
Älg – Ärmellänge ab Kugel				
Äsw – Ärmelsaumweite				

Rh – Rückenhöhe	1/10 Ow + 15	
Rl – Rückenlänge	messen	
Ht – Hüfttiefe	Rl + 20 bis 22 cm	
Lg – Länge	nach Mode u. Geschmack	

Hs – Halsspiegelbreite
Achtung: Hs bei Gr. 36–44 =
                           46–52 =
                           ab 54 =
	1/6 der 1/2 Ow
	1/6 der 1/2 Ow
	1/6 der 1/2 Ow ./. 0,5
	1/6 der 1/2 Ow ./. 1	

Größentabelle Seite 236

Vl – Vordere Länge	messen	
Bt – Brusttiefe	messen	
Sch – Schulterbreite	messen	

Achtung: Zugaben für Bewegungsfreiheit sind in den Berechnungen
für Rb, Ad und Bb jeweils enthalten, vergl. Seite 126

Rb – Rückenbreite	1/8 Ow + 8,5	
Ad – Armlochdurchmesser	1/8 Ow + 1	
Bb – Brustbreite	1/4 Ow ./. 0,5	
	Kontrolle = 1/2 Ow + 9,0 =	

Maßtabelle für BLAZERGRUNDSCHNITT GR. 38 für DAMEN (Eng gemessen ohne Zugaben)

		½	¼	⅛
Ow – Oberweite (Körpermaß)	88	44	22	11
Tw – Taillenweite "	68	34	17	
Hw – Hüftweite "	94	47		
Älg – Ärmellänge ab Kugel	59			
Äsw – Ärmelsaumweite	26			

Rh – Rückenhöhe	¹⁄₁₀ Ow + 15	23,8
Rl – Rückenlänge	messen	41
Ht – Hüfttiefe	Rl + 20 bis 22 cm	61
Lg – Länge	nach Mode u. Geschmack	
Hs – Halsspiegelbreite **Achtung:** Hs bei Gr. 36–44 = 46–52 = ab 54 =	⅙ der ½ Ow ⅙ der ½ Ow ⅙ der ½ Ow ./. 0,5 ⅙ der ½ Ow ./. 1	7,3

Größentabelle Seite 236

Vl – Vordere Länge	messen	45
Bt – Brusttiefe	messen	27
Sch – Schulterbreite	messen	14,5

Achtung: Zugaben für Bewegungsfreiheit sind in den Berechnungen
für Rb, Ad und Bb jeweils enthalten, vergl. Seite 126

Rb – Rückenbreite	⅛ Ow + 8,5	19,5
Ad – Armlochdurchmesser	⅛ Ow + 1	12,0
Bb – Brustbreite	¼ Ow ./. 0,5	21,5
	Kontrolle = ½ Ow + 9,0 =	53,0

BLAZERGRUNDSCHNITT Grundgerüst

A − B = Rh
A − C = Rl
A − D = Ht
A − E = Lg

A−B−C−D−E = auswinkeln

Achtung: von A nur kurze Linie, siehe Skizze

A − F = 1 cm nach oben
A − G = ½ von A−B
C − Ca = 2 cm
D − Da = 2 cm
E − Ea = 2 cm

G−Ca−Da−Ea = verbinden

Ba − H = Rb
H − J = Ad
J − K = Bb
K − L = $^1/_{10}$ Ow + 2 cm

K−L−J−H = auswinkeln

M − N = Vl = auswinkeln
N − O = Bt + 4 cm

A − P = Hs
P − Q = 3 cm nach oben
Q − F = hinteres Halsloch einzeichnen
R − T = $^1/_{10}$ der ½ Ow ./. 1 cm

Achtung:
Berechnung der Abnähertiefe
(von R−T abtragen)
Gr. 36 + 38 = $^1/_{10}$ der ½ Ow ./. 1 cm
    40 + 42 = $^1/_{10}$ der ½ Ow
    44 + 46 = $^1/_{10}$ der ½ Ow + 1 cm
    48 + 50 = $^1/_{10}$ der ½ Ow + 2 cm
Größentabelle Seite 236

T − U = Hs
Winkellinie K−T−U wie Skizze ergibt Ta
Ta − V = Hs + 1 cm
U − V = vorderes Halsloch einzeichnen

H − W = ⅔ H−Aa
J − X = ⅔ J−Ab + 2 cm
J − AE = 3 cm
Q − X = hintere Schulterschräge
U − W = vordere Schulterschräge

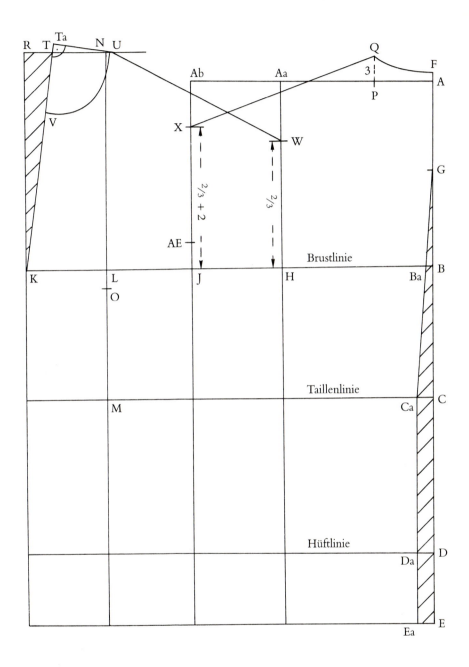

BLAZERGRUNDSCHNITT GR. 38

Q − Qa= Schulterbreite + 1 cm
zum Einhalten
U − Ua= Schulterbreite

Armloch einzeichnen wie Skizze

Seitenteil hinten
H − Y = 5 cm
Abstand von der Grundlinie zum Armloch ausmessen und nach rechts übertragen wie Skizze
3 cm Abnäher einzeichnen wie Skizze

Seitenteil vorne
J − Z = 2 x 1,5 cm
durch die Mitte auswinkeln = Vorverlegte Seitennaht
an der Taillenlinie 2 bis 3 cm herausnehmen, wie Skizze einzeichnen

Armloch des Seitenteils wie Skizze übertragen

Falls gewünscht, den vorderen Abnäher einzeichnen wie Skizze.
Taschenlinie ebenfalls, der Abnäherbetrag muß dann seitlich zugegeben werden.

HÜFTWEITE KONTROLLIEREN!

Bei mehr Hüftweite als Oberweite ergeben sich auf der Hüftlinie Überschneidungen!

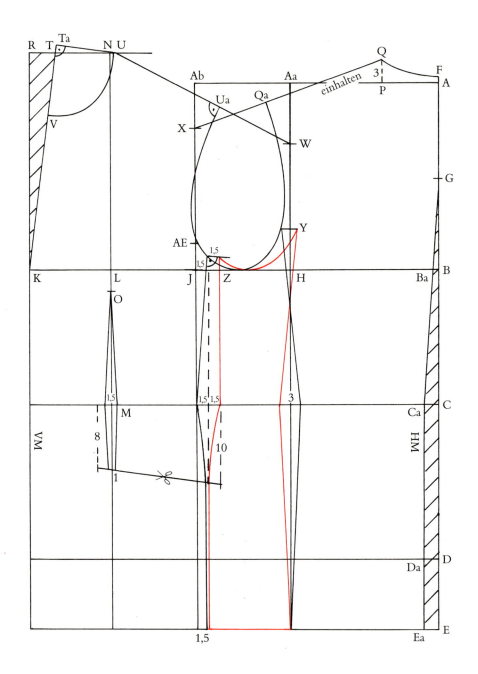

Kopierte Schnitteile Blazergrundschnitt

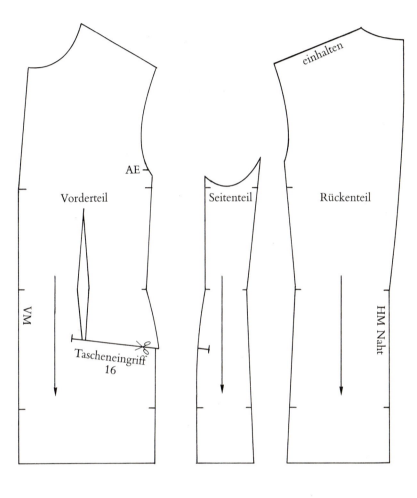

Achtung: Der Abnäherbetrag, der am Tascheneingriff weggenommen wird, muß an der vorverlegten Seitennaht zugegeben werden!
Reverskonstruktion Seite 144–145
Ärmelkonstruktion Seite 138–139

Maßtabelle BLAZERGRUNDSCHNITT GR. für Herren (Eng gemessen ohne Zugaben)

		½	¼	⅛
Ow – Oberweite (Körpermaß)				
Tw – Taillenweite "				
Hw – Hüftweite "				
Älg – Ärmellänge ab Kugel				
Äsw – Ärmelsaumweite				

Rh – Rückenhöhe	1/10 Ow + 18	
Rl – Rückenlänge	messen	
Ht – Hüfttiefe	Rl + 20 bis 22 cm	
Lg – Länge	nach Mode u. Geschmack	
Hs – Halsspiegelbreite **Achtung:** Hs bei Gr. 48–50 = 52–54 = ab 56 =	⅙ der ½ Ow ⅙ der ½ Ow ⅙ der ½ Ow ./. 0,5 ⅙ der ½ Ow ./. 1	

Größentabelle Seite 237

Vl – Vordere Länge	messen	
Sch – Schulterbreite	messen	

Achtung: Zugaben für Bewegungsfreiheit sind in den Berechnungen
für Rb, Ad und Bb jeweils enthalten, vergl. Seite 126

Rb – Rückenbreite	⅛ Ow + 9,5	
Ad – Armlochdurchmesser	⅛ Ow + 2,5	
Bb – Brustbreite	¼ Ow ./. 0,5	
	Kontrolle = ½ Ow + 11,5 =	

Maßtabelle BLAZERGRUNDSCHNITT GR. 50 für Herren (Eng gemessen ohne Zugaben)

			½	¼	⅛
Ow – Oberweite (Körpermaß)	100	50	25	12,5
Tw – Taillenweite ”	90	45	22,5	
Hw – Hüftweite ”	102	51		
Älg – Ärmellänge ab Kugel	66			
Äsw – Ärmelsaumweite	33			

Rh – Rückenhöhe	¹⁄₁₀ Ow + 18	28
Rl – Rückenlänge	messen	48,5
Ht – Hüfttiefe	Rl + 20 bis 22 cm	68,5
Lg – Länge	nach Mode u. Geschmack	80
Hs – Halsspiegelbreite **Achtung:** Hs bei Gr. 48–50 = 52–54 = ab 56 =	⅙ der ½ Ow ⅙ der ½ Ow ⅙ der ½ Ow ./. 0,5 ⅙ der ½ Ow ./. 1	8,3

Größentabelle Seite 237

Vl – Vordere Länge	messen	52
Sch – Schulterbreite	messen	16,5

Achtung: Zugaben für Bewegungsfreiheit sind in den Berechnungen
für Rb, Ad und Bb jeweils enthalten, vergl. Seite 126

Rb – Rückenbreite	⅛ Ow + 9,5	22
Ad – Armlochdurchmesser	⅛ Ow + 2,5	15
Bb – Brustbreite	¼ Ow ./. 0,5	24,5
	Kontrolle = ½ Ow + 11,5 =	61,5

Herren-BLAZERGRUNDSCHNITT Grundgerüst

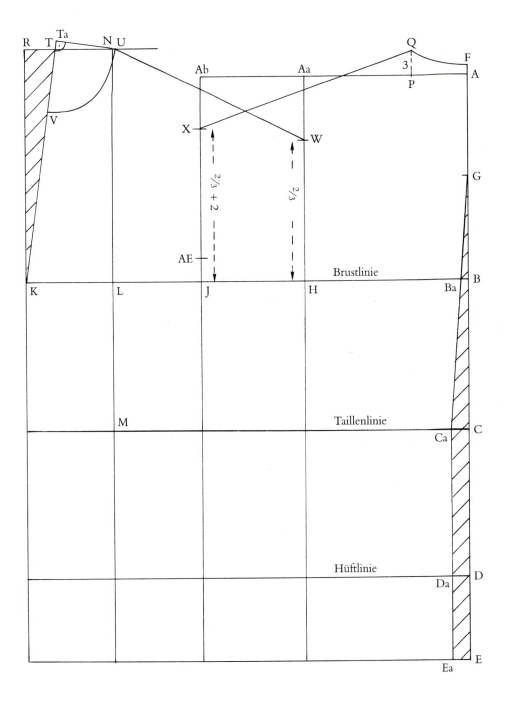

A - B = Rh
A - C = Rl
A - D = Ht
A - E = Lg

A–B–C–D–E = auswinkeln
Achtung: von A nur kurze Linie, siehe Skizze

A - F = 1 cm nach oben
A - G = ½ von A–B
C - Ca = 2 cm
D - Da = 2 cm
E - Ea = 2 cm

G–Ca–Da–Ea = verbinden

Ba - H = Rb
H - J = Ad
J - K = Bb
K - L = $^{1}/_{10}$ Ow + 2 cm

K–L–J–H = auswinkeln

M - N = Vl = auswinkeln

A - P = Hs
P - Q = 3 cm nach oben
Q - F = hinteres Halsloch einzeichnen

R - T = $^{1}/_{10}$ der ½ Ow ./. 1 cm

Achtung:
Berechnung der Abnähertiefe
(von R–T abtragen)
Gr. 48 + 50 = $^{1}/_{10}$ der ½ Ow ./. 1 cm
    52 + 54 = $^{1}/_{10}$ der ½ Ow
    ab 56   = $^{1}/_{10}$ der ½ Ow + 1 cm

Größentabelle siehe Seite 237

T - U = Hs
Winkellinie K–T–U wie Skizze ergibt Ta
Ta - V = Hs + 1 cm
U - V = vorderes Halsloch einzeichnen

H - W = ⅔ H–Aa
J - X = ⅔ J–Ab + 2 cm
J - AE = 3 cm
Q - X = hintere Schulterschräge
U - W = vordere Schulterschräge

Herren-BLAZERGRUNDSCHNITT Gr. 50

Q – Qa = Schulterbreite + 1 cm
        zum Einhalten
U – Ua = Schulterbreite

Armloch einzeichnen wie Skizze

Seitenteil hinten
H – Y = 5 cm
Abstand von der Grundlinie zum Armloch ausmessen und nach rechts übertragen wie Skizze
3 cm Abnäher einzeichnen wie Skizze

Seitenteil vorne
J – Z = 2 x 1,5 cm
durch die Mitte auswinkeln =
vorverlegte Seitennaht
an der Taillenlinie 2 bis 3 cm herausnehmen, wie Skizze einzeichnen

Armloch des Seitenteils wie Skizze übertragen

Falls gewünscht, den vorderen Abnäher einzeichnen wie Skizze.
Taschenlinie ebenfalls, der Abnäherbetrag muß dann seitlich zugegeben werden.

HÜFTWEITE KONTROLLIEREN!

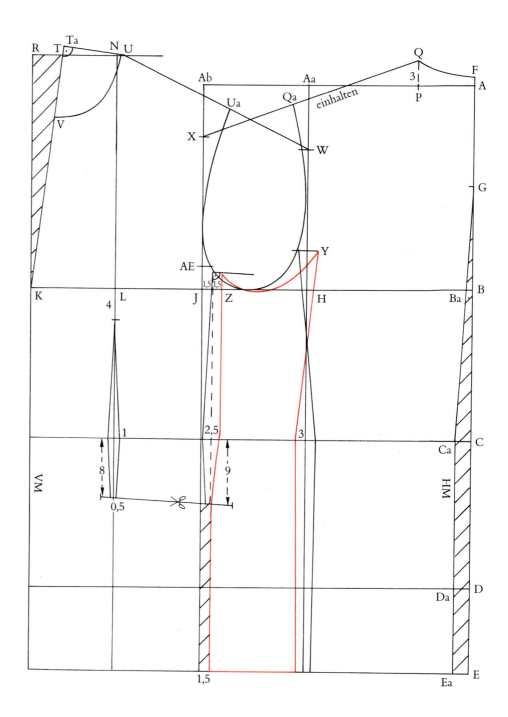

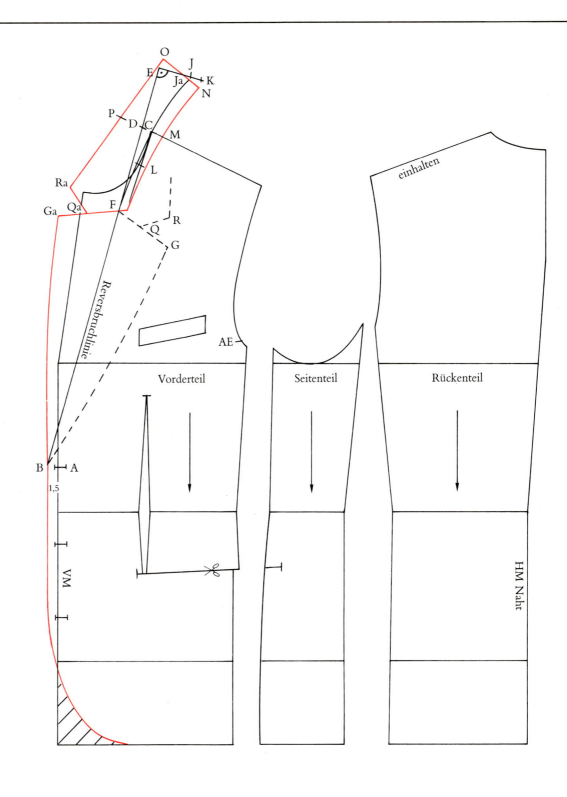

Kopierte Teile Blazergrundschnitt.
Reverskonstruktion Seite 144–145
Ärmelkonstruktion Seite 138–139

Grundaufstellung: zweiteiliger Jackenärmel

Hilfslinien für die Armkugelkonstruktion

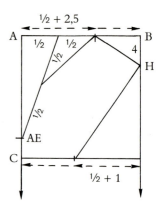

·········· Ah = Armlochhöhe
⟵⟶ Ad = Armlochdurchmesser

------ Umf = Armlochumfang

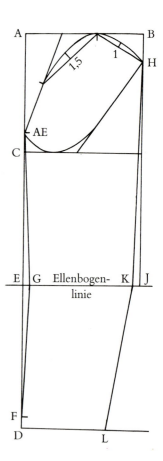

Maße für Gr. 38
Armlochdurchmesser Ad = 12,0 cm
Armlochhöhe   Ah = 41,7 cm
Armlochumfang   Umf = 48,5 cm
Ärmellänge   Älg = 59,0 cm
Ärmelsaumweite   Äsw = 26,0 cm

Achtung: Bevor der Ärmelschnitt konstruiert wird Armlochhöhe, Armlochdurchmesser und Armlochumfang kontrollieren!

A – B = Ad + 6 cm
A – C = ½ Ah ∕ 3 cm = Kugelhöhe
C – AE = 3 cm
A – D = Älg
C – E = ½ von C–D ∕ 1 cm

A–B–C–D–E auswinkeln

D – F = 1,5 cm nach oben
E – G = 1 cm nach rechts
AE–G–F verbinden = vordere Ärmelmitte
B – H = 4 cm
Kugelhilfslinien wie Skizze zeichnen
J – K = 1 cm nach links
F – L = ½ Ärmelsaumweite
H–K–L verbinden = hintere Ärmelmitte
Kugel wie Skizze einzeichnen

Armloch am Blazer von AE bis Y ausmessen (siehe Skizze Seite 138)

Diesen Betrag + 3 cm von AE übertragen = M
Zirkel bei K, Kreisbogen über M nach rechts
Strecke von der Grundlinie nach rechts übertragen = Ma

K = 1 cm nach links = Ka
J = 1 cm nach rechts = Ja
L = je 1 cm nach links und rechts = La + Lb
M – Ka wie Skizze mit leichtem Bogen verbinden
Ka – La verbinden
H – Ma verbinden
Ma – Ja wie Skizze mit leichtem Bogen verbinden
Ja – Lb verbinden
F – La verbinden
F – Lb verbinden
Vordere Ärmelmitte = AE–G–F
davon je 2 cm nach links und rechts wie Skizze
Zirkel bei G, Kreisbogen über N nach links = Na
AE – Na wie Skizze

Fadenlauf rechtwinklig zur Ellenbogenlinie
Querzeichen wie Skizze
Ober- und Unterärmel kopieren

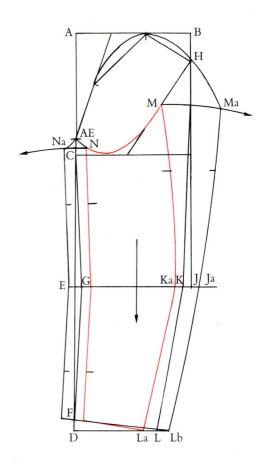

Achtung: Die gesamte Kugelweite sollte nicht mehr als 4 bis 5 cm Mehrweite als der Armlochumfang betragen!

Achtung: Vor dem Zusammennähen muß die vordere Naht des Oberärmels zwischen den Querzeichen gedehnt werden!

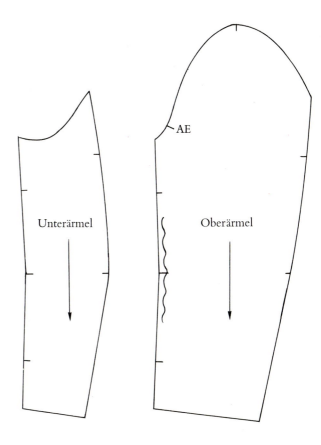

139

Taftschnitt für den Blazer

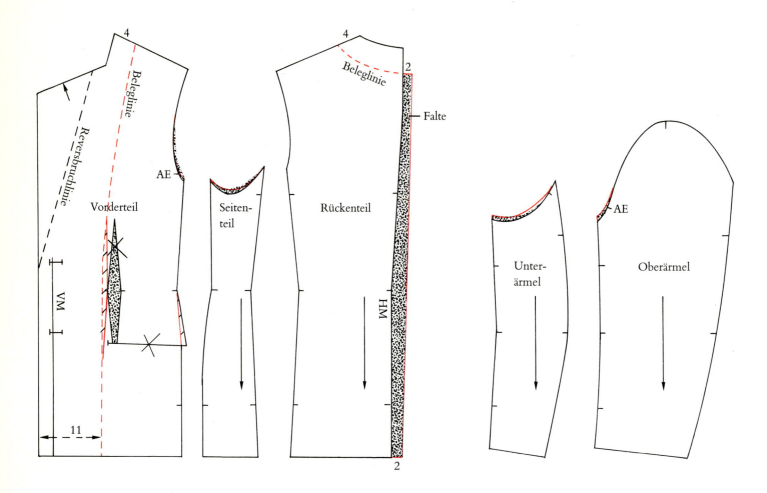

Im Vorderteil Beleglinie einzeichnen, Abnäher verlegen (siehe Skizze).

Achtung: Da der Einschnitt für die Tasche nicht benötigt wird, die überstehende Ecke an der Teilungsnaht wegnehmen. Vorderteil und Seitenteil am Armloch höher stellen, ebenso an den entsprechenden Linien des Ober- und Unterärmels. Im Rückenteil Beleglinie einzeichnen. Für Bewegungsfalte im Taft HM zugeben.

Achtung: Die fertigen Taftschnitte sollten sich in der Farbe des Papiers oder der Beschriftung von denen des Oberstoffes unterscheiden!

Fertige Schnitteile mit Nahtzugaben

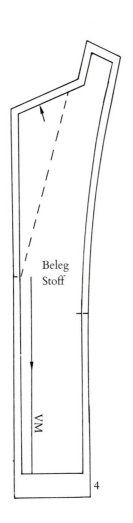
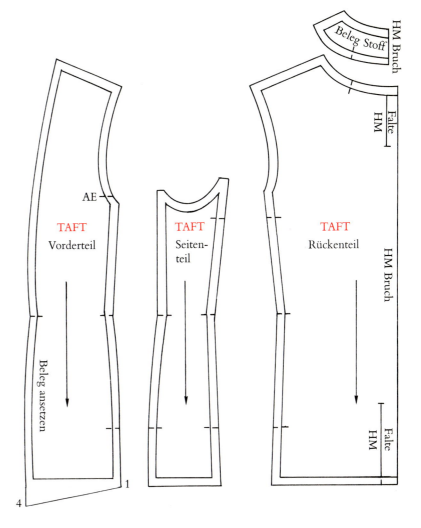

Achtung: Länge des Taftschnittes = fertige Länge des Oberstoffschnittes + 1 cm Nahtzugabe zuschneiden, da sonst die Bewegungsfalte in der Länge fehlen würde!

Nahtzugaben für Taft:

Armloch	1 cm
Armkugel	1 cm
Säume	1 cm
Schulternaht	1,5 cm
Teilungsnähte	1,5 cm
Ärmelnähte	1,5 cm

Nahtzugaben für die Belege:

Halsloch	1 cm
Schulter	1,5 cm
Saum	4 cm
Verstürzen	1 cm

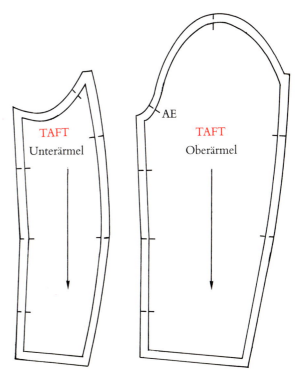

141

Fertige Schnitteile mit Nahtzugaben für Blazer mit fallendem Revers

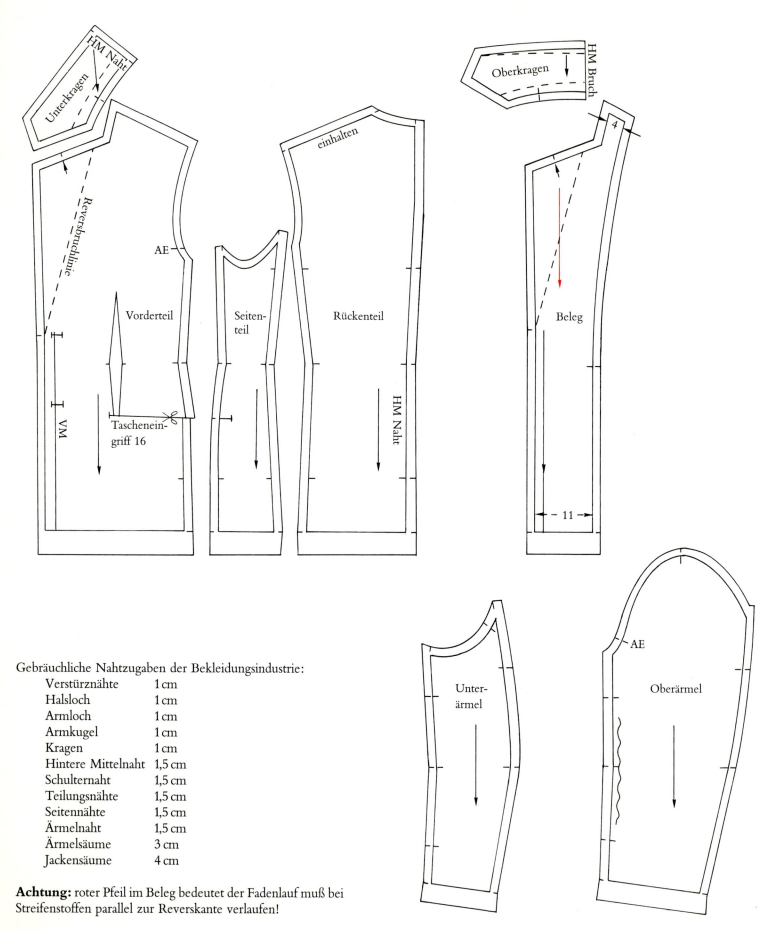

Gebräuchliche Nahtzugaben der Bekleidungsindustrie:

Verstürznähte	1 cm
Halsloch	1 cm
Armloch	1 cm
Armkugel	1 cm
Kragen	1 cm
Hintere Mittelnaht	1,5 cm
Schulternaht	1,5 cm
Teilungsnähte	1,5 cm
Seitennähte	1,5 cm
Ärmelnaht	1,5 cm
Ärmelsäume	3 cm
Jackensäume	4 cm

Achtung: roter Pfeil im Beleg bedeutet der Fadenlauf muß bei Streifenstoffen parallel zur Reverskante verlaufen!

Reverskragen

Konstruktion: Fallendes Revers einreihig

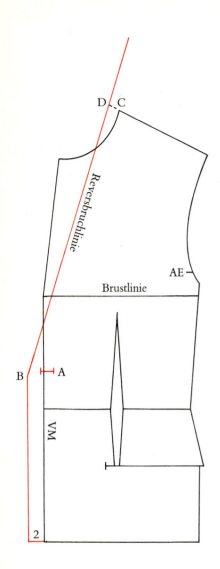
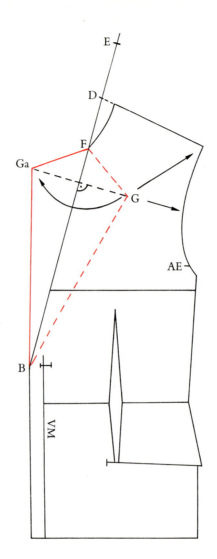
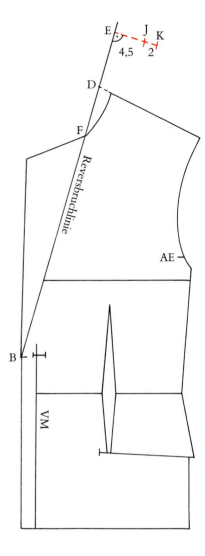
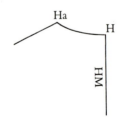

Achtung: beginnt das Revers oberhalb der Brustlinie, muß die VM gerade gestellt werden. Siehe Seiten: 154–155, 156–157, 158–159, 160–161, 162–163, 167, 171, 174, 177, 179, 187.

- A = Höhe des 1. Knopfes
- A – B = Übertrittbreite
- B = Beginn des Revers
- C = Halslochpunkt
- C – D = Stehkragenhöhe
- B – D = verbinden + verlängern

D – E = ausgemessenes hinteres Halsloch H–Ha abtragen
B–G–F = Reversform siehe Skizze diese nach links übertragen
B – Ga = Reversaußenkante

Tip: Entfernungen von Punkt G zur Schulternaht und zum Armloch für die Reversform genau beachten!

- E = auswinkeln
- E – J = Kragenbreite (4,5 cm)
- J – K = Stehkragenhöhe (2 cm)

Achtung: Höhe des 1. Knopfes und Beginn des Revers immer in gleicher Höhe!

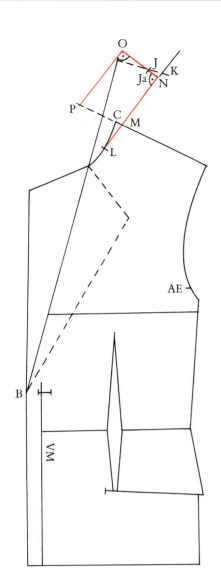 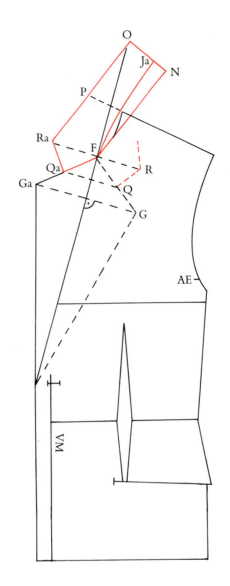 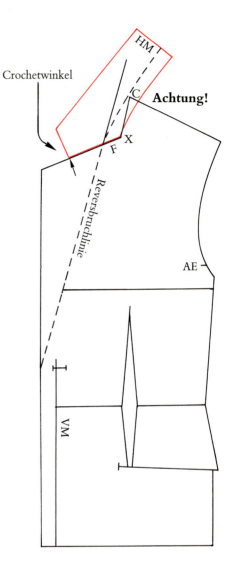

C – L	=	4 cm
L – K	=	verbinden
C – M	=	Überschneidung
M – N	=	hinteres Halsloch abmessen = Kragenansatzlinie
N	=	auswinkeln
N – Ja	=	Stehkragenhöhe
Ja – O	=	Kragenbreite
O	=	auswinkeln
P	=	Verlängerung der Schulter

G–Q–R	=	Crochetwinkel je nach Modell, diesen nach links übertragen
Qa + Ra	=	verbinden
Ra – P	=	verbinden
Ja – F	=	verlaufend Kragenbruchlinie einzeichnen

Eckig engesetzter Kragen: Die Ecke X muß immer 1–2 cm hinter der Reversbruchlinie liegen

C – X = Halsloch neu zeichnen

Achtung: Beim Herauskopieren Überschneidung beachten!

Die Punkte F und L sind variabel, je nach Revers- und Kragenform!

145

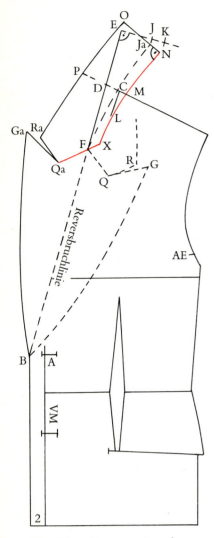
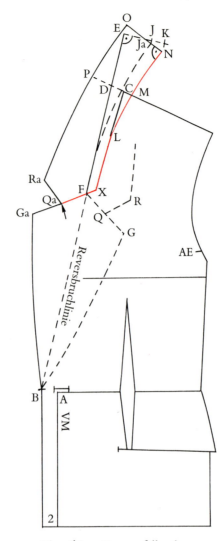
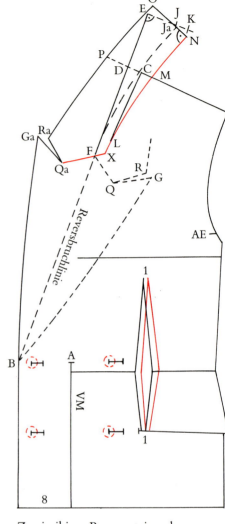

Einreihiges Revers steigend

Einreihiges Revers fallend

Zweireihiges Revers steigend

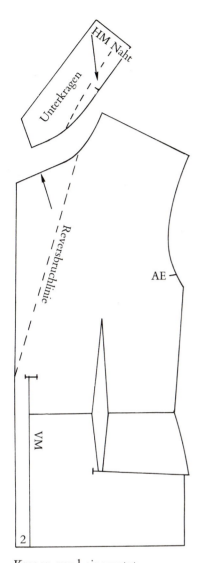

Kragen rund eingesetzt

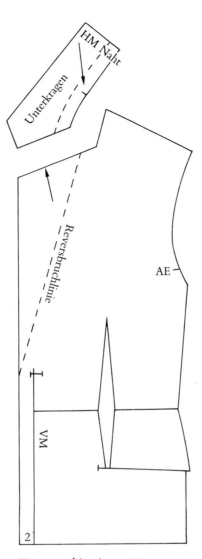

Kragen eckig eingesetzt

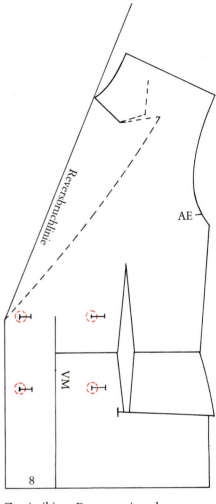

Zweireihiges Revers steigend

Achtung: Zweireihiger Knopfverschluß: Die Knopfmitte muß immer gleichweit von der VM entfernt sein!

Blazergrundschnitt mit Seitennaht

Konstruktion Blazer Seite 129

Q – Qa = Schulterbreite + 1 cm
　　　　 zum Einhalten
U – Ua = Schulterbreite
H – Y　= 5 cm
J – S　 = ½ Ad ./. 1 cm
　　　　 Seite auswinkeln

Armloch einzeichnen wie Skizze
Seitennaht in der Taille je nach Bedarf taillieren.

HÜFTWEITE KONTROLLIEREN!

Bei mehr Hüftweite als Oberweite ergeben sich auf der Hüftlinie Überschneidungen!
Abnäher im Vorder- und Rückenteil je nach Bedarf einzeichnen.

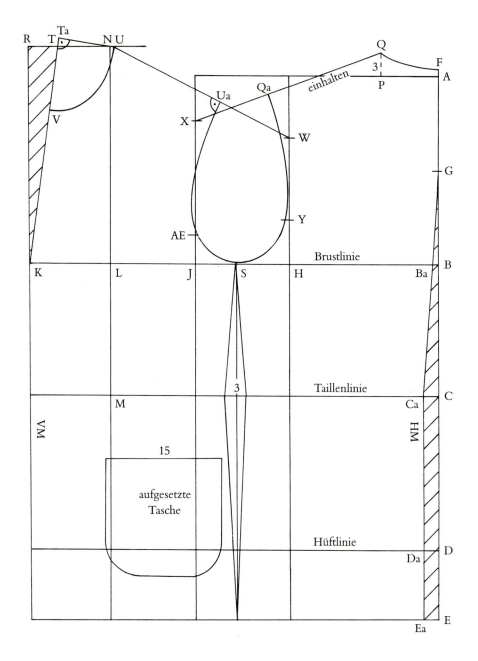

Schnittfertige Teile: Blazer mit Seitennaht und fallendem Revers,
Reverskonstruktion Seite 144–145
Ärmelkonstruktion Seite 150

149

Grundaufstellung: Einteiliger Jackenärmel

Hilfslinien für die Armkugelkonstruktion

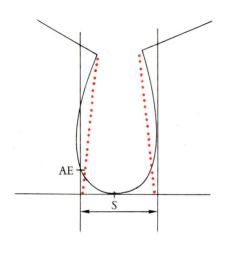
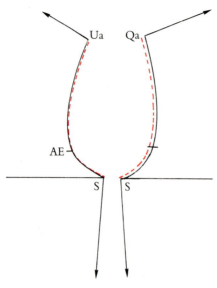
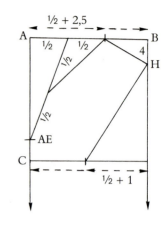

·········· Ah = Armlochhöhe
⟵⟶ Ad = Armlochdurchmesser
Älg = Ärmellänge 59 cm
Äsw = Ärmelsaumweite 26 cm

------ Umf = Armlochumfang

Achtung: Bevor der Ärmelschnitt konstruiert wird Armlochhöhe, Armlochdurchmesser und Armlochumfang kontrollieren!

A – B = Ad + 6 cm
A – C = ½ Ah ∕ 3 cm = Kugelhöhe
C – AE = 3 cm
A – D = Älg
C – E = ½ von C–D ∕ 1 cm

A–B–C–D–E auswinkeln

D – F = 1,5 cm nach oben
F – G = 1 cm
AE – G = verbinden
B – H = 4 cm
Kugelhilfslinien wie Skizze
Kugel wie Skizze einzeichnen
J – K = 1 cm nach links
G – L = ½ Äsw
H–K–L verbinden
AE – S = am Blazervorderteil AE bis Seitennaht ausmessen und abtragen
S = auswinkeln = M
von S und M linkes und rechtes Ärmelteil herauskopieren und entsprechend der Skizze anlegen.
Abnäher 5 cm verkürzen

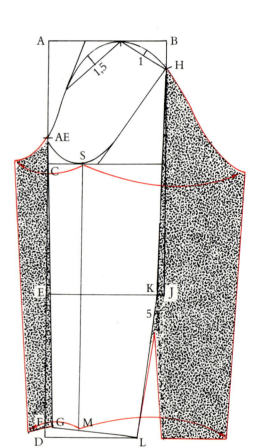

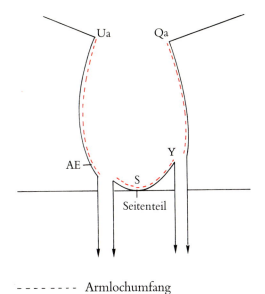

------- Armlochumfang

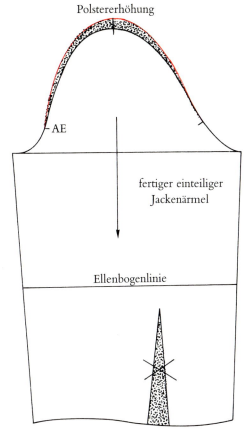

Einteiliger Grundschnittärmel Jacke

Ärmelschnitt für Oberarmnaht

① Teilungsnaht zum oberen Querzeichen markieren. Strecke am vorderen Armloch S–Ua ausmessen und am Vorderärmel von S–Ua übertragen.
Strecke am hinteren Armloch S–Qa ausmessen und am Hinterärmel von S–Qa übertragen. Rundung in schöner Form auf die Naht laufen lassen.
② Beleg und Untertritt anzeichnen.

Achtung: Diese Ärmelteile sind auch Grundlage für die Raglankonstruktion!

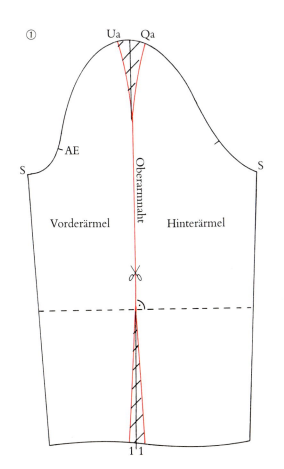

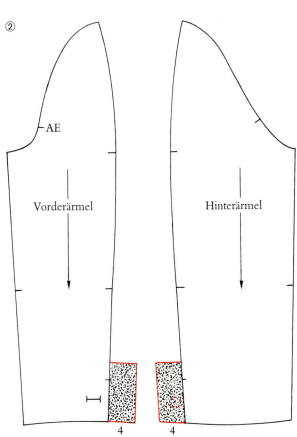

Tief eingesetzter Ärmel mit Schulterüberschneidung

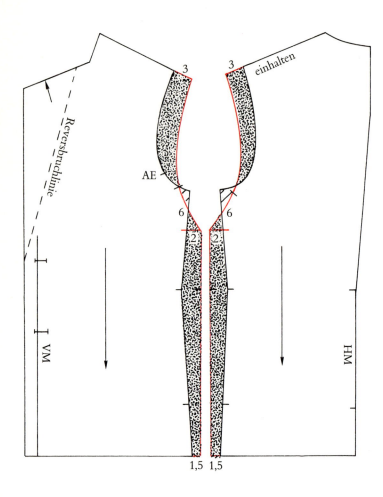

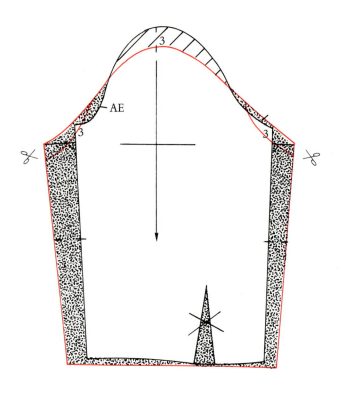

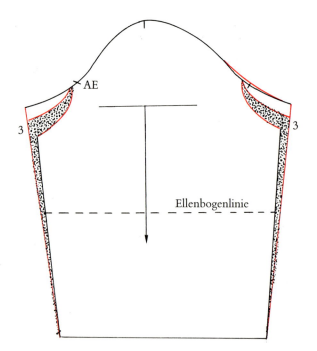

Schulterüberschneidung und Armlochvertiefung am Blazergrundschnitt nach Wunsch. Seitennaht zugeben.
Armkugel um den Betrag der Schulterüberschneidung verkürzen.
Neues Armloch ausmessen und auf die neue Kugel übertragen + 1 cm Mehrweite (siehe Skizze).
Ärmel aufdrehen wie Skizze, denn die innere Ärmelnaht darf nicht verkürzt werden.

Schnittfertige Blazerteile

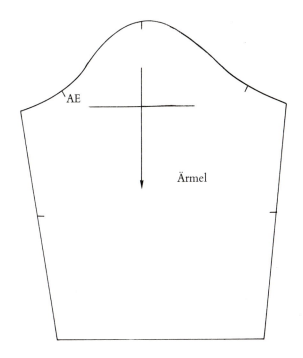

Reverskonstruktion Seite 144–145

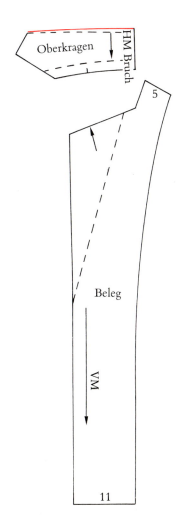

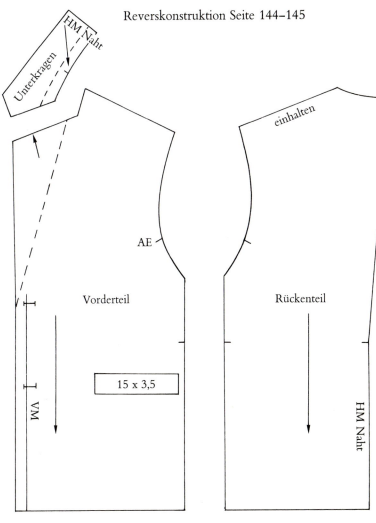

Blazer mit runden Teilungsnähten

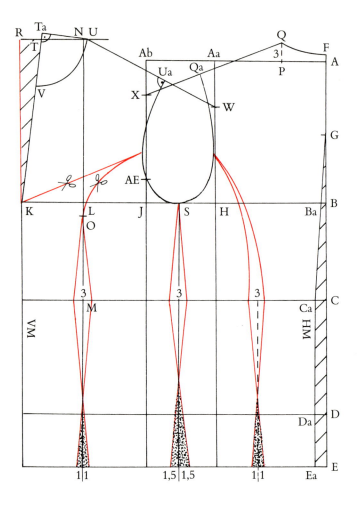

In den Blazergrundschnitt Teilungsnähte einzeichnen. In der Hüfte kann die Weite beliebig zugegeben werden.
Der Abnäherbetrag V–Va wird in das Armloch verlegt und in der Teilungsnaht herausgenommen. Linie zum Aufdrehen siehe Skizze.

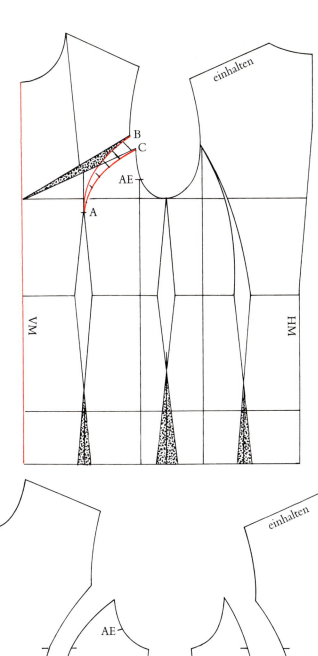

Achtung: Die VM ist jetzt gerade gestellt!
Die Strecke von A–B muß mit der von A–C übereinstimmen, eventuell am Armloch des Seitenteils ausgleichen!

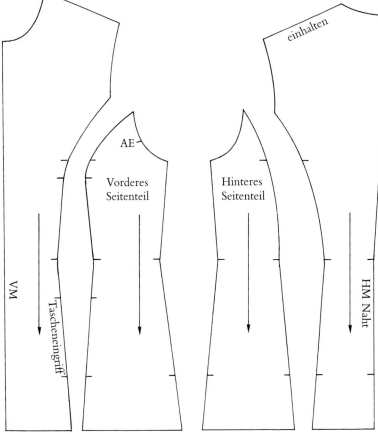

Fertige Schnitteile
Reverskonstruktion Seite 144–145
Ärmelkonstruktion Seite 138–139

Gerader Blazer zweireihig

Taillierung des Blazergrundschnitts begradigen, für die Polstererhöhung wird der Abnäherbetrag V–Va ins Armloch verlegt (siehe Skizze). Die Rückenschulter entsprechend erhöhen.

Achtung: das vordere Armloch darf nicht größer sein als das hintere Armloch! Eventuell an der vorderen Schulter ausgleichen.

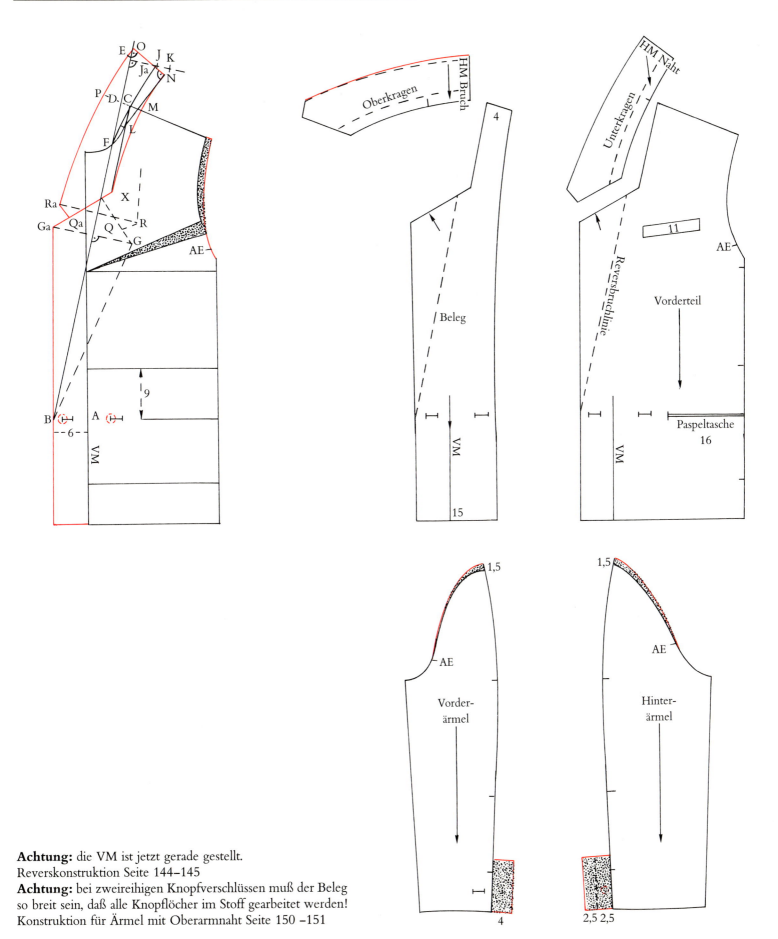

Achtung: die VM ist jetzt gerade gestellt.
Reverskonstruktion Seite 144–145
Achtung: bei zweireihigen Knopfverschlüssen muß der Beleg so breit sein, daß alle Knopflöcher im Stoff gearbeitet werden!
Konstruktion für Ärmel mit Oberarmnaht Seite 150–151

Zweireihiger Blazer mit starker Abnäherbetonung

An den Blazergrundschnitt Polstererhöhung anzeichnen, wie Skizze. Der Abnäherbetrag V–Va wird durch Aufdrehen in den Taillenabnäher verlegt, dieser wird bis zum Saum fortgeführt.

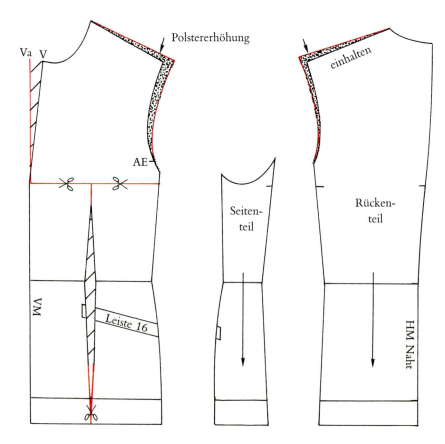

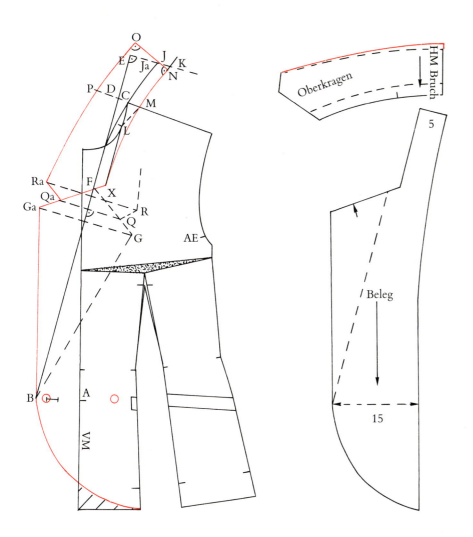
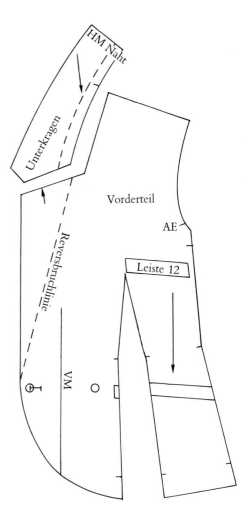
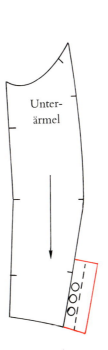
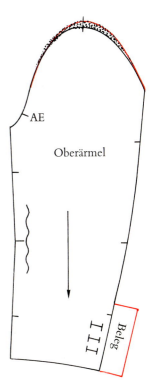

Achtung: Die VM ist jetzt gerade gestellt.
Übertritt und Rundung nach Wunsch zeichnen.
Reverskonstruktion Seite 144–145

Achtung: Bei zweireihigen Knopfverschlüssen muß der Beleg so breit sein, daß alle Knopflöcher im Stoff gearbeitet werden.

Dieses Modell eignet sich so für uni Stoffe.
Achtung: Bei gemusterten oder gestreiften Stoffen ändert sich der Fadenlauf seitlich stark, eventuell unteres Seitenteil an der Tasche abtrennen und im geraden Fadenlauf zuschneiden.

Am Oberärmel für Polstererhöhung zugeben.

159

Jacke mit Querteilungsnähten

① An den Blazergrundschnitt Polstererhöhung anzeichnen, wie Skizze. Teilungslinien einzeichnen, Taillenabnäher bis zum Saum verlängern. Der Abnäherbetrag V–Va wird durch Aufdrehen in die Passennaht verlegt. HM gerade stellen, siehe Skizze.

② **Achtung:** Die VM ist jetzt gerade gestellt.
Reverskonstruktion Seite 144–145.
Taillenabnäher bis zur Passennaht verlängern.
Alle Taillenabnäher zusammenlegen, siehe Skizzen.

③ Am Oberärmel für Polstererhöhung zugeben.

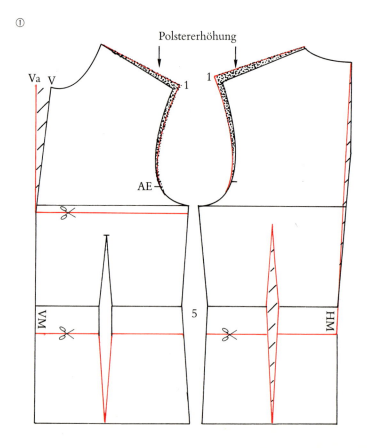

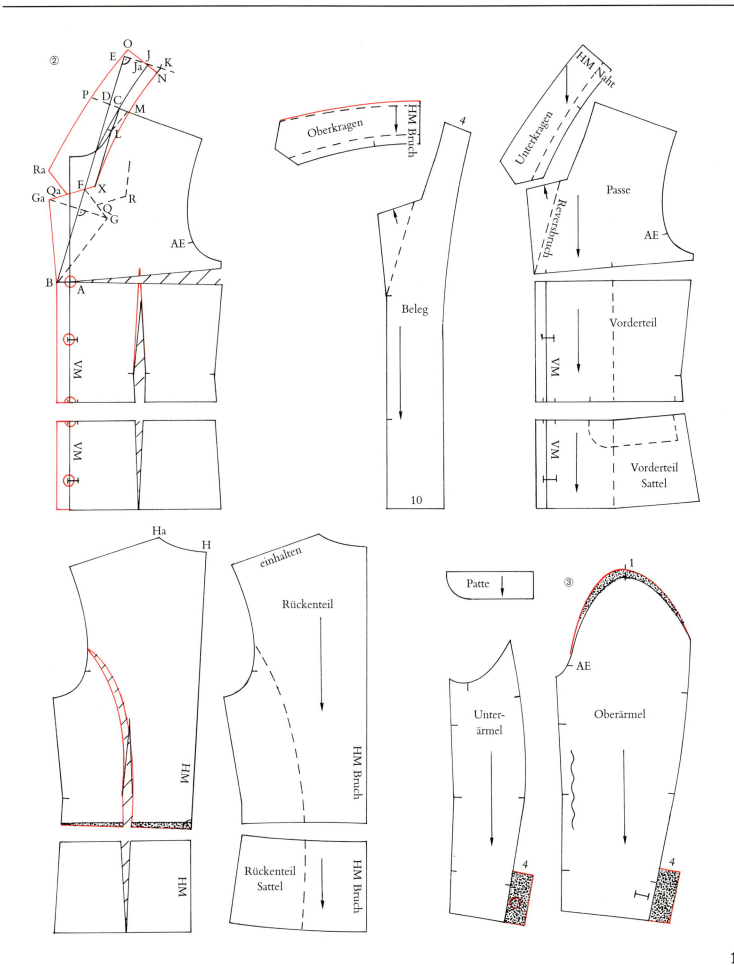

Kurze Jacke mit geraden Teilungsnähten und breitem Revers

① An den Blazergrundschnitt Polstererhöhung anzeichnen, Jackenlänge nach Wunsch.
Der Abnäherbetrag V–Va wird durch Aufdrehen in die Teilungsnaht verlegt.

② **Achtung:** Die VM ist jetzt gerade gestellt.
Reverskonstruktion Seite 144–145.

③ Am Oberärmel für Polstererhöhung zugeben.

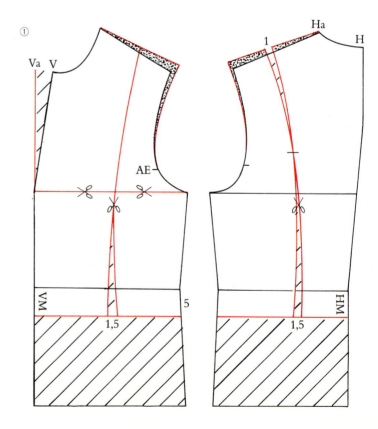

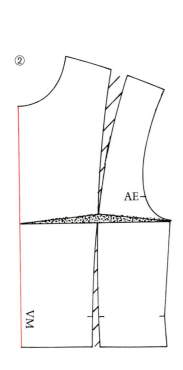
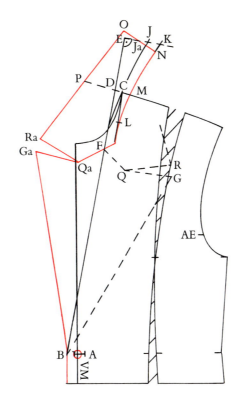
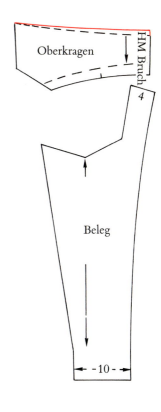
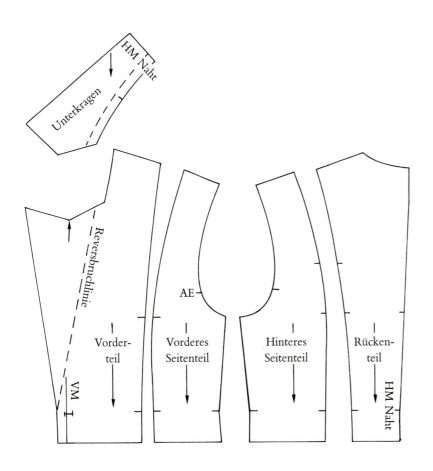
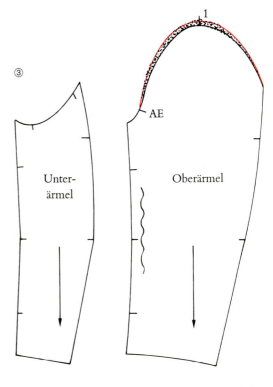

163

Schalkragen

Konstruktion: Schalkragen

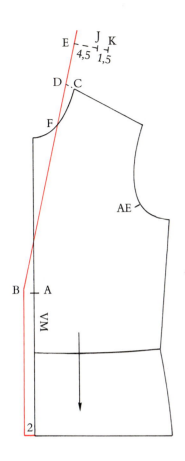
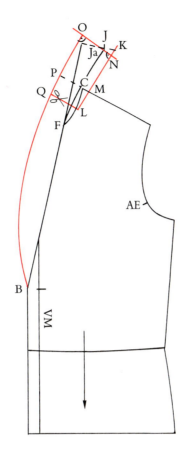
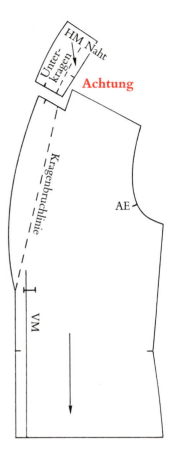
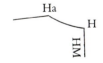
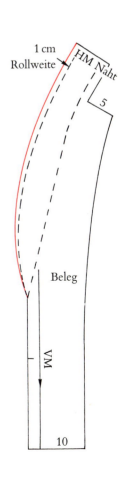

Konstruktion: Schalkragen
A = Höhe des 1. Knopfes
A – B = Übertrittbreite
B = Beginn des Schalkragens
C = Halslochpunkt
C – D = Stehkragenhöhe
B – D = verbinden und verlängern
F = Kreuzungspunkt Grundschnitt-
  halsloch und Kragenbruchlinie
D – E = ausgemessenes hinteres Halsloch
  H–Ha abtragen
E = auswinkeln
E – J = Kragenbreite
J – K = Stehkragenhöhe

Achtung: Höhe des 1. Knopfes und Beginn des Schalkragens immer in gleicher Höhe!

C – L = 4 cm
L – K = verbinden
C – M = Überschneidung
M – N = Hinteres Halsloch abmessen =
  Kragenansatzlinie
N = auswinkeln
N – Ja = Stehkragenhöhe
Ja – O = Kragenbreite
O = auswinkeln bis P
P = Verlängerung der Schulter
P – B = Außenkante des Schalkragens in
  schöner Form einzeichnen
L – Q = Nahtlinie für Unterkragen
Ja – F = verlaufend Kragenbruchlinie ein-
  zeichnen

Achtung: Beim herauskopieren Überschneidung beachten!

165

Jacke mit Schalkragen und Raglanärmel

Am Blazergrundschnitt die Schulternaht 1 cm vorverlegen. Der Abnäherbetrag V–Va wird durch Aufdrehen in die Taille verlegt. HM gerade stellen, wie Skizze.
In der Taille Zugaben zum Schoppen nach Wunsch anzeichnen.
Schalkragen Konstruktion Seite 165
Konstruktion für Oberarmnaht Seite 150–151

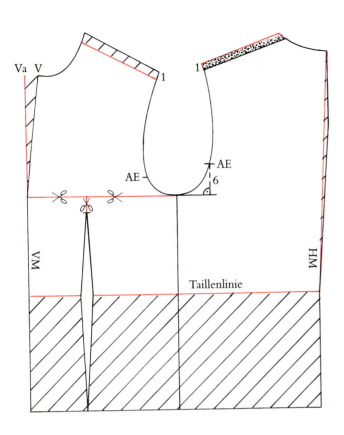

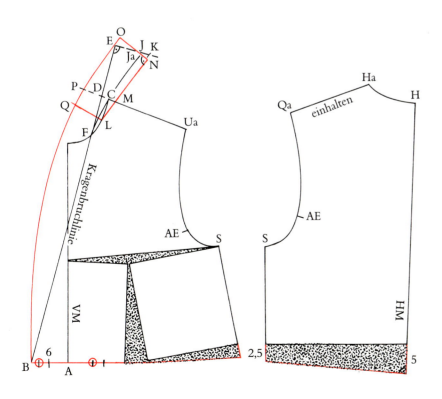

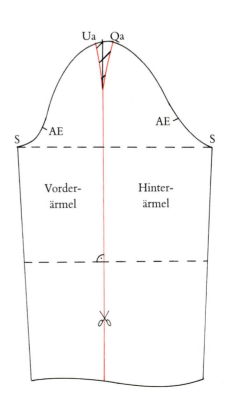

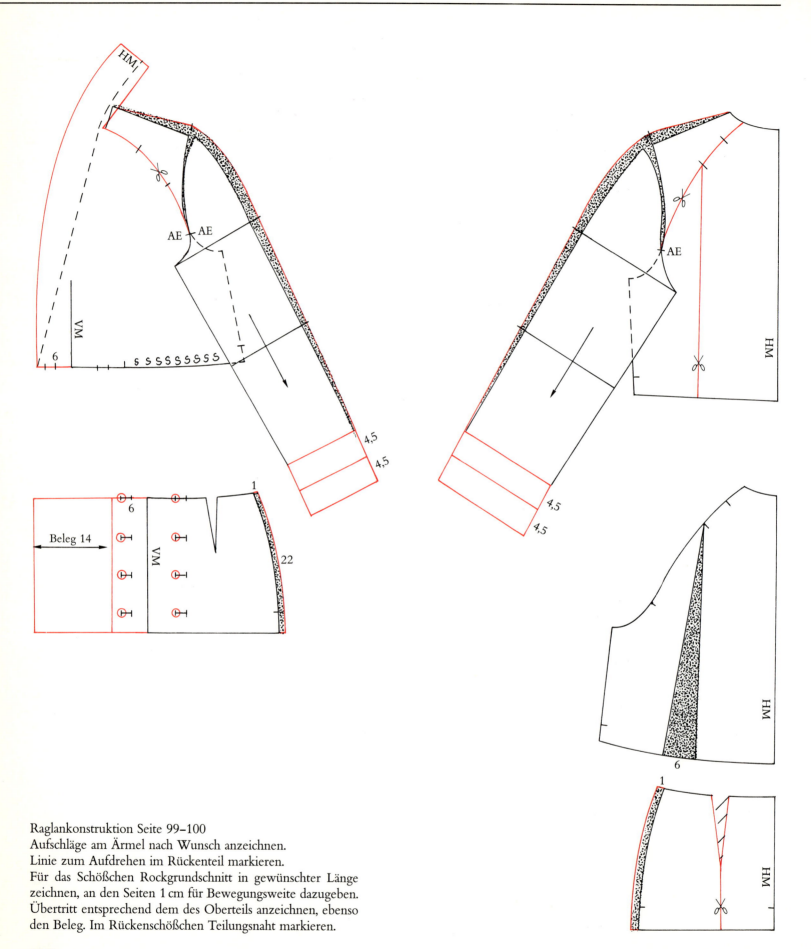

Raglankonstruktion Seite 99–100
Aufschläge am Ärmel nach Wunsch anzeichnen.
Linie zum Aufdrehen im Rückenteil markieren.
Für das Schößchen Rockgrundschnitt in gewünschter Länge zeichnen, an den Seiten 1 cm für Bewegungsweite dazugeben.
Übertritt entsprechend dem des Oberteils anzeichnen, ebenso den Beleg. Im Rückenschößchen Teilungsnaht markieren.

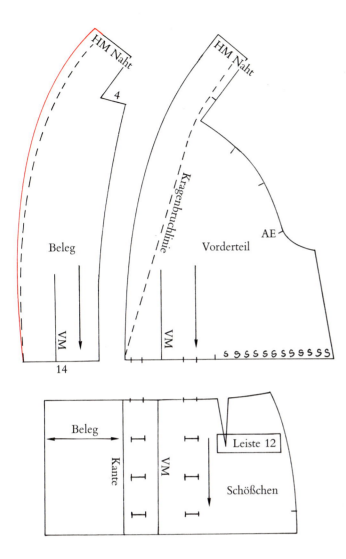

Fertige Schnitteile

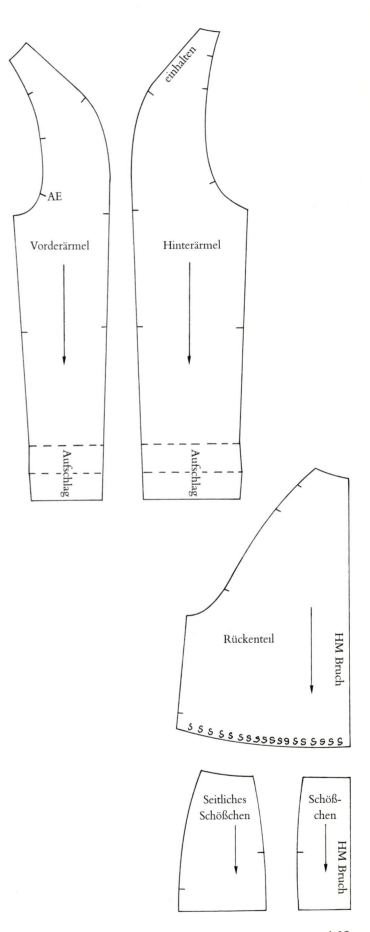

169

Jacke ohne Seitennaht, mit abgesteppten Falten

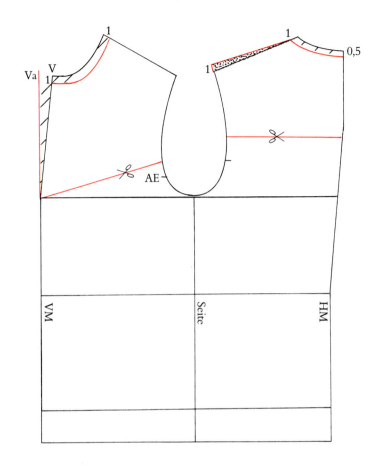

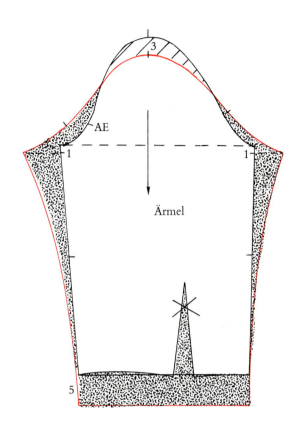

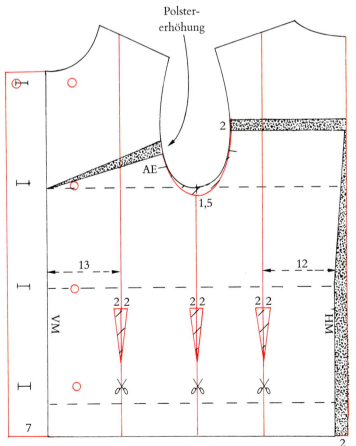

Der Abnäherbetrag V–Va wird durch Aufdrehen ins Armloch verlegt und ergibt die Polstererhöhung, an der Rückenschulter muß die Polstererhöhung angezeichnet werden, siehe Skizze.

Achtung: Das vordere Armloch darf nicht größer sein als das hintere Armloch, eventuell an der vorderen Schulter ausgleichen.
Halsloch vertiefen. Im Rückenteil Linie zum Aufdrehen markieren (für Länge zum Schoppen).

Übertritt nach Wunsch anzeichnen. Linien zum Aufdrehen für Falten markieren, HM gerade stellen, Armloch vertiefen.

Schnitteile aufschneiden und Weite nach Wunsch zugeben, dadurch entsteht die Schulterverbreiterung.
Den Betrag der Schulterverbreiterung an der Armkugel abtragen. Das neue Armloch ausmessen und auf die neue Armkugel übertragen, siehe Skizze Seite 171.

Achtung: Da keine Seitennaht gearbeitet wird, unbedingt Stoffbreite beachten!

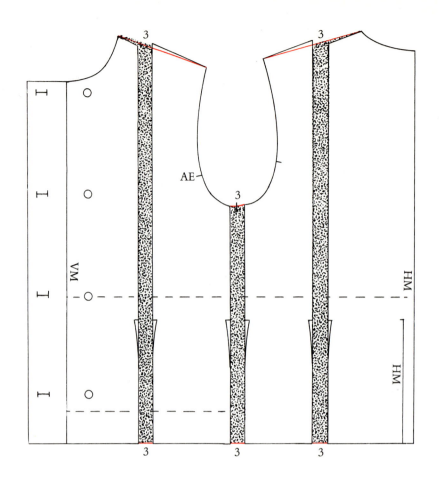

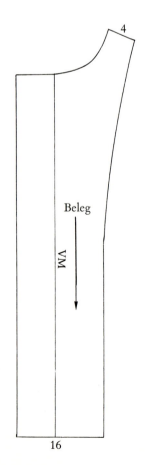

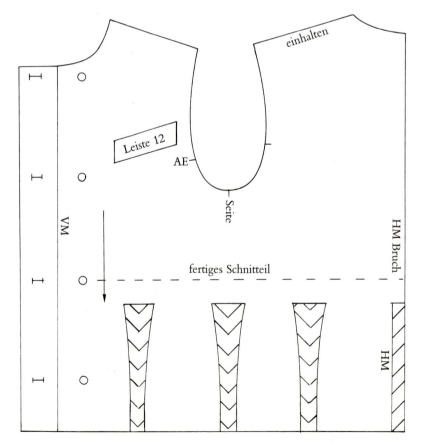

Kurze Jacke mit Schalkragen und angeschnittenem Ärmel

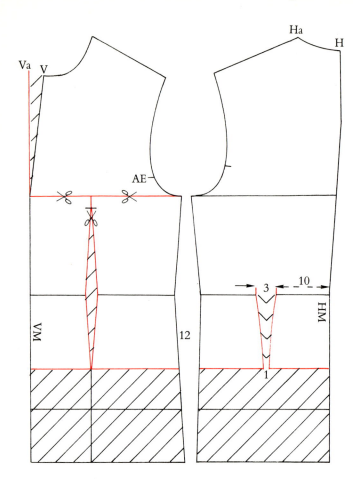

Am Blazergrundschnitt Länge nach Wunsch einzeichnen. Der Abnäherbetrag V–Va wird durch Aufdrehen in den Taillenabnäher verlegt, diesen bis zur Brustlinie verlängern.
Im Rückenteil Taillenabnäher einzeichnen, siehe Skizze.

Achtung: Die VM ist jetzt gerade gestellt!
Winkellinie zur VM vom Schulterpunkt zeichnen, Schulterschräge einzeichnen, siehe Skizze.
Schulterbreite und Ärmellänge kontrollieren. Ärmel zeichnen wie Skizze.
Schalkragenkonstruktion Seite 165

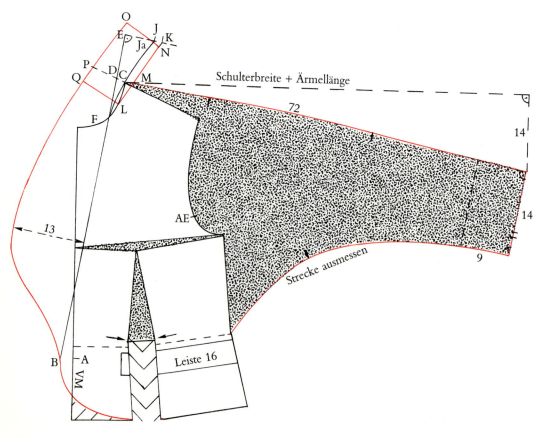

Am Rückenteil Winkellinie zum Fadenlauf vom Schulterpunkt zeichnen, Schulterschräge einzeichnen, siehe Skizze. Ärmellänge und Schulterbreite kontrollieren.

Achtung: 1 cm zum Einhalten!
Ärmel zeichnen wie Skizze.
Manschette an markierter Linie kopieren und aufdrehen!

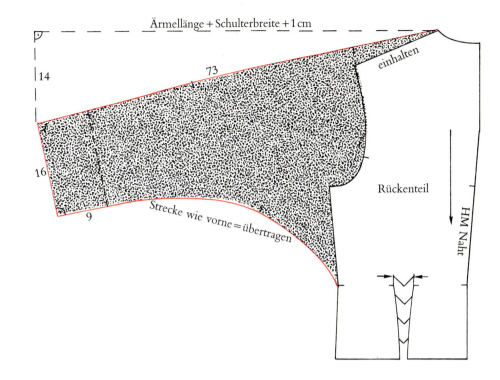

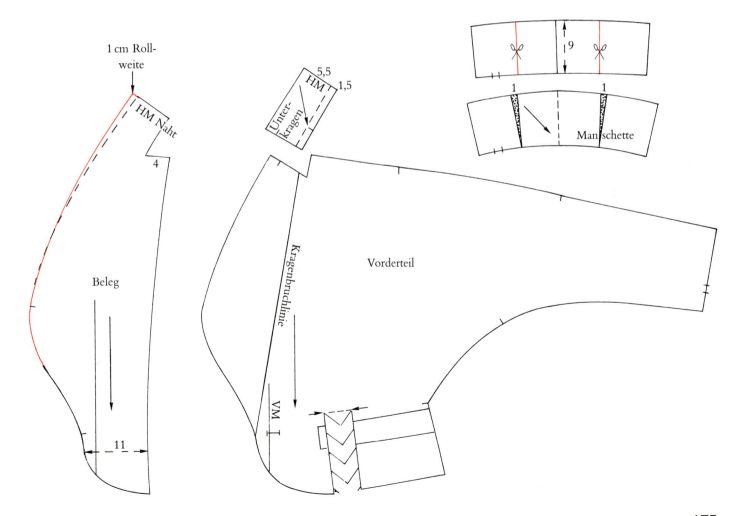

Langer Blouson mit tief eingesetzten Ärmeln

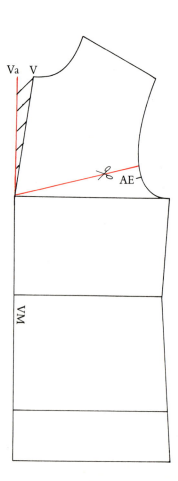

Der Abnäherbetrag V–Va wird durch Aufdrehen ins Armloch verlegt.

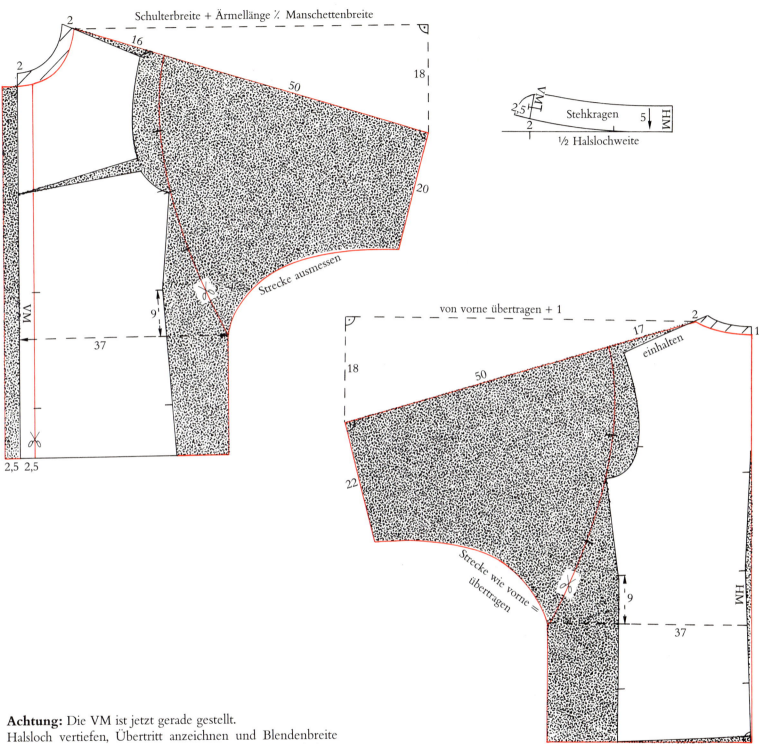

Achtung: Die VM ist jetzt gerade gestellt.
Halsloch vertiefen, Übertritt anzeichnen und Blendenbreite markieren. Am Vorderteil Winkellinie zur VM vom Schulterpunkt zeichnen, Schulterschräge einzeichnen, siehe Skizze. Schulterbreite und Ärmellänge kontrollieren, Ärmel und Seitennaht zeichnen wie Skizze. Ärmelnaht einzeichnen.
HM gerade stellen, Halsloch vertiefen. Winkellinie zur neuen HM vom Schulterpunkt zeichnen, Schulterschräge einzeichnen, siehe Skizze. Ärmellänge und Schulterbreite kontrollieren.

Achtung: Hintere Schulter 1 cm zum Einhalten! Ärmel und Seitennaht zeichnen wie Skizze, Ärmelnaht einzeichnen.

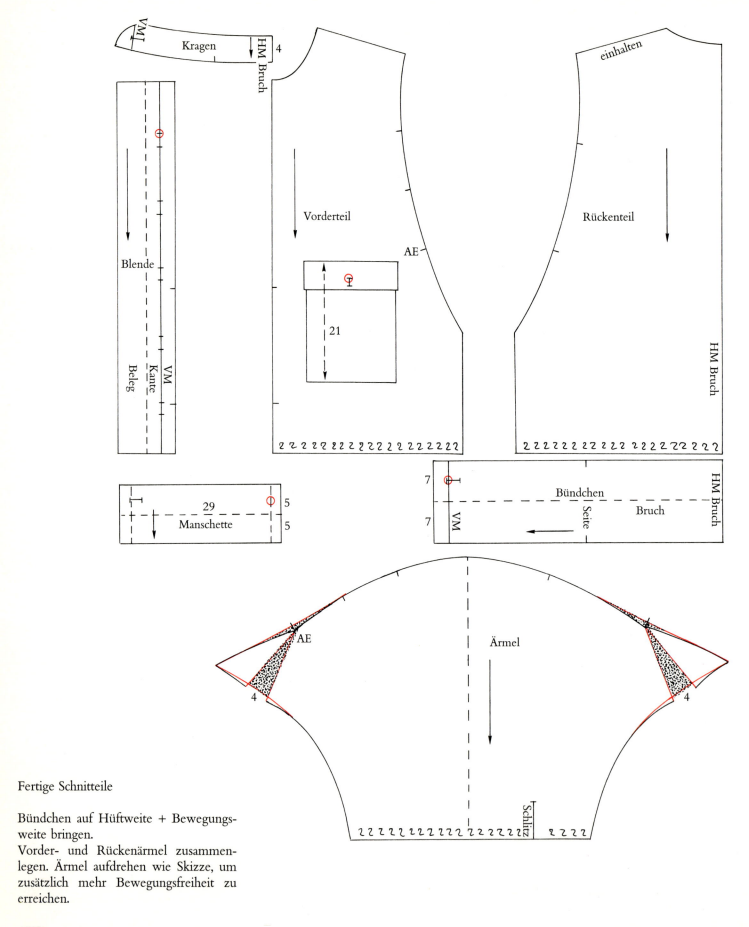

Kurze Jacke mit Ballonärmeln

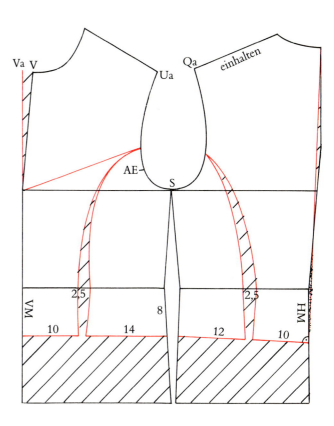

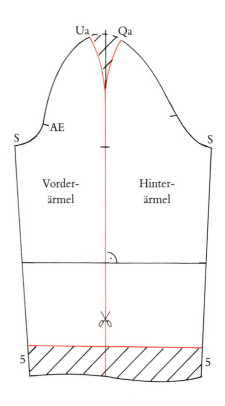

In den Blazergrundschnitt Teilungsnähte einzeichnen, Jackenlänge nach Wunsch.
HM gerade stellen.
Konstruktion für Oberarmnaht Seite 150–151
Ärmellänge nach Wunsch.

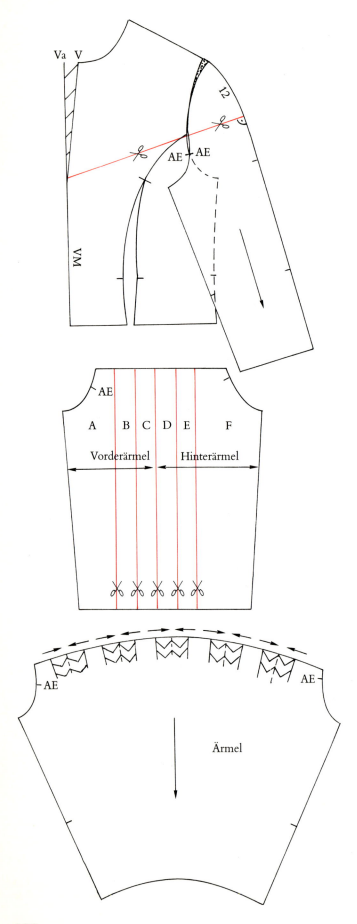
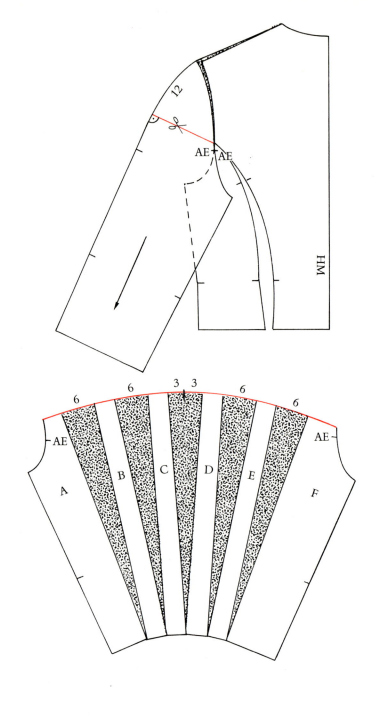

Raglankonstruktion Seite 99–100
Abtrennung für Ärmel einzeichnen, siehe Skizzen.
Der Abnäherbetrag V–Va wird durch Aufdrehen in das Armloch verlegt und in der Teilungsnaht herausgenommen.
Vorder- und Hinterärmel kopieren und aneinanderlegen, Linien zum Aufdrehen markieren, Weite für Falten oder Kräusel je nach Stoffqualität zugeben.

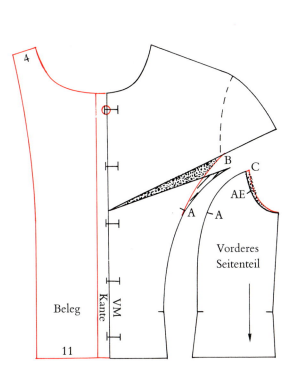
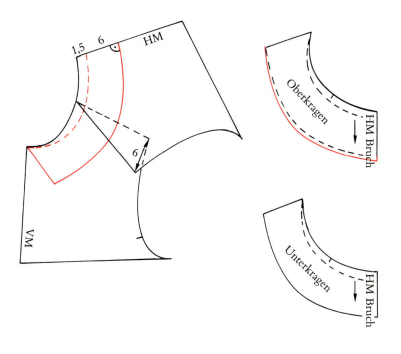

Achtung: Die VM ist jetzt gerade gestellt! Übertritt und Beleg anzeichnen.

Achtung: Die Strecke von A–B muß mit der von A–C übereinstimmen, eventuell am Armloch des Seitenteils ausgleichen.
Kragen: Vom Grundschnitt kopiertes Vorder- und Rückenteil übereinanderlegen, siehe Skizze. Kragenform mit Kragenstand und Kragenbreite einzeichnen. Rollweite an den Oberkragen anzeichnen wie Skizze.

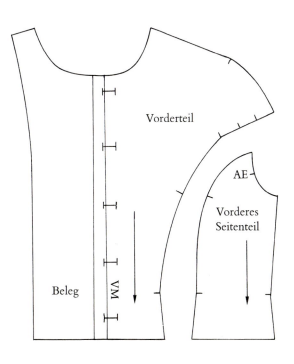
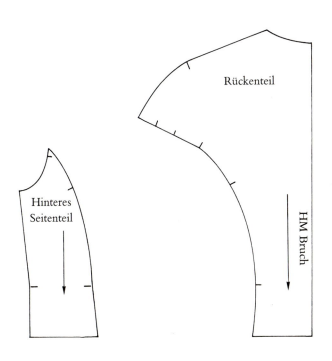

181

Jacke mit angeschnittenen Ärmeln und großem Kragen

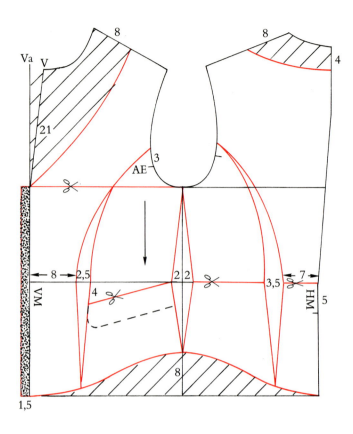

In den Jackengrundschnitt vorne und hinten gewünschten Ausschnitt einzeichnen. Übertritt anzeichnen, Teilungsnähte einzeichnen, Länge bestimmen.
Der Abnäherbetrag V–Va wird in die Teilungsnaht verlegt, die VM ist dann gerade!

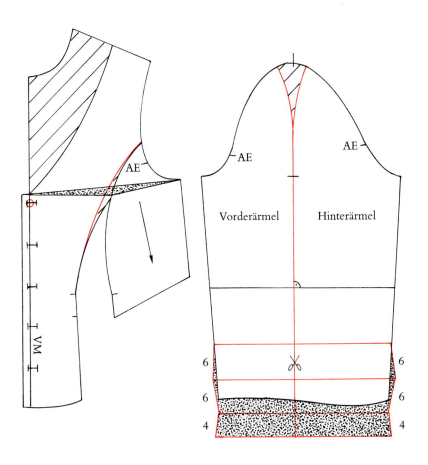

Achtung: Die VM ist jetzt gerade gestellt. Die Teilungsnaht muß am Armloch aber noch zusammengelegt bleiben, da sonst die Raglananlage nicht möglich ist, unbedingt beachten!
Ärmellänge nach Wunsch. Aufschlag anzeichnen.
Oberarmnahtkonstruktion Seite 150–151
Raglankonstruktion siehe Seite 99–100
Schulternaht in schöner Form anzeichnen.
HM für Bruch umstellen, siehe Skizze 99–100

Achtung: An der Teilungsnaht muß der Betrag von A–B mit dem von A–C übereinstimmen, eventuell am Rückenteil wegnehmen wie Skizze.

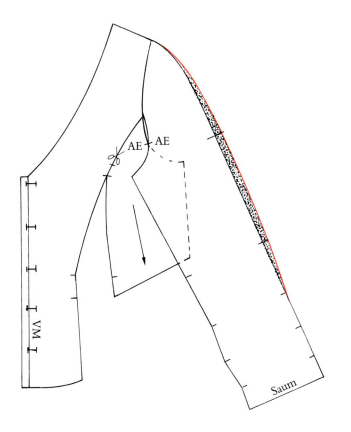

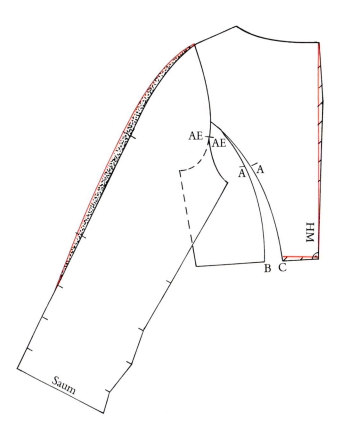

Fertige Schnitteile

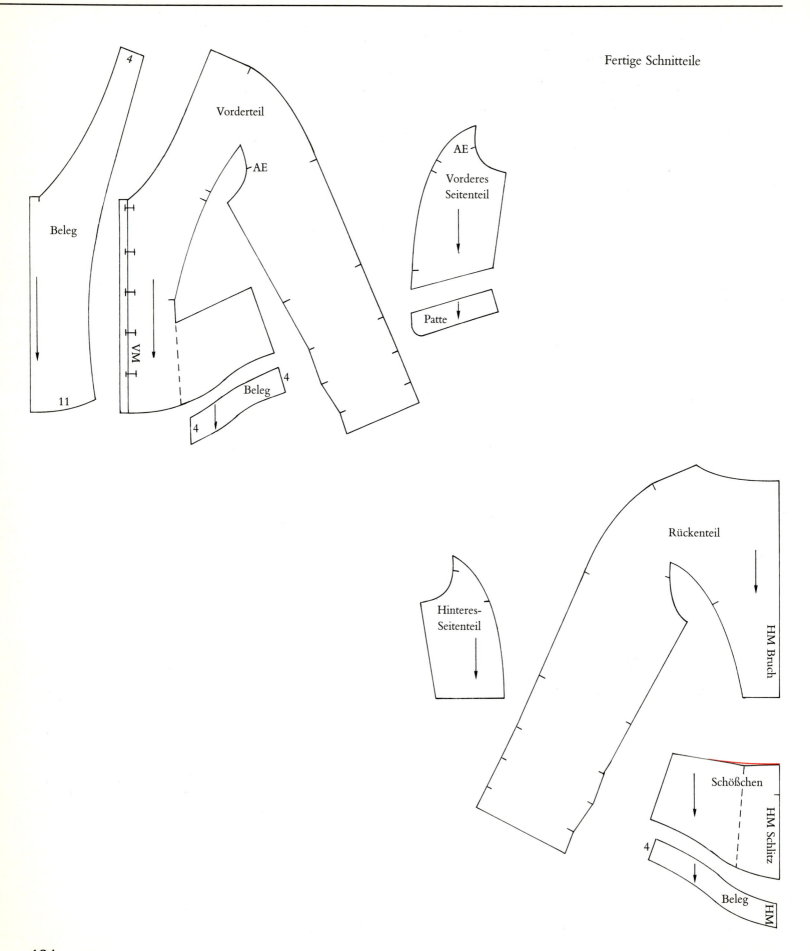

Kragenaufstellung

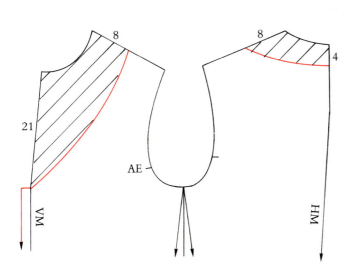
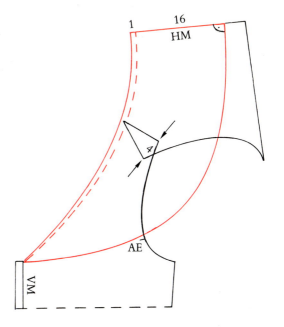
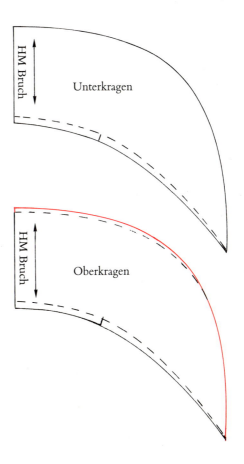

Kragen: Vom Schnitt kopiertes Vorder- und Rückenteil am Schulterpunkt übereinanderlegen, siehe Skizze. Kragenform mit Kragenstand und Kragenbreite einzeichnen.
Rollweite an den Oberkragen anzeichnen wie Skizze.

Achtung: Bei schmalen Kragen überschneiden sich die Schulterpunkte mehr, bei breiten Kragen weniger.
Beispiele Seite 46, 181

Jacke mit Raglanärmel und glockigem Vorderteil

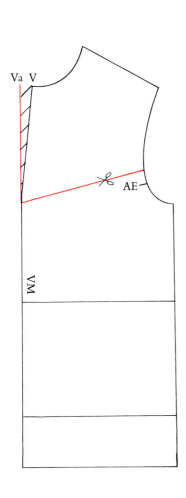

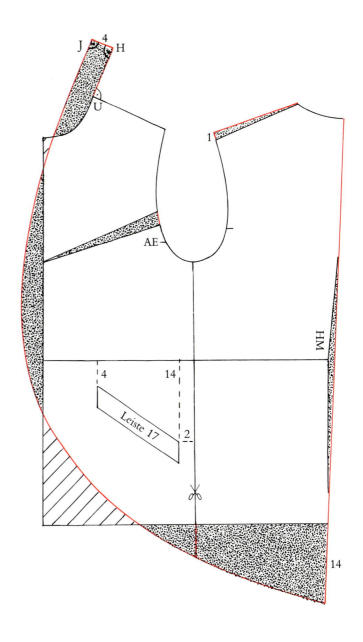

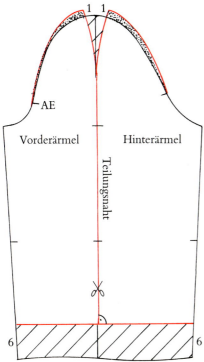

Um die VM gerade zu stellen, wird der Abnäherbetrag V–Va ins Armloch verlegt.

Durch die Abnäherverlegung ist die Polstererhöhung entstanden, am Rückenteil dafür die Schulter 1 cm höher stellen.

Die HM für Bruch umstellen (siehe Skizze). Länge nach Wunsch.

Am Vorderteil Stehkragen anzeichnen:
bei U = Winkellinie
U–H = ausgemessenes hinteres Halsloch
H–J = Winkellinie = Stehkragenbreite
von J = Winkellinie und Rundung
  in schöner Form zeichnen

Ärmelgrundschnitt für die Oberarmnaht umstellen (siehe Seite 150–151). Ärmellänge für ¾ Ärmel kürzen.

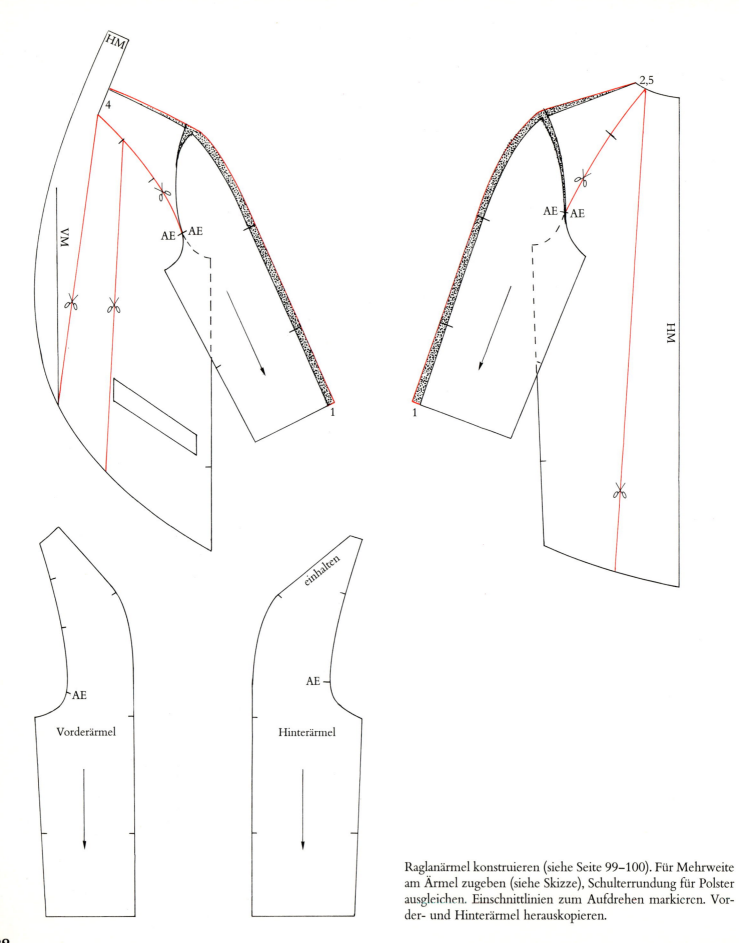

Raglanärmel konstruieren (siehe Seite 99–100). Für Mehrweite am Ärmel zugeben (siehe Skizze), Schulterrundung für Polster ausgleichen. Einschnittlinien zum Aufdrehen markieren. Vorder- und Hinterärmel herauskopieren.

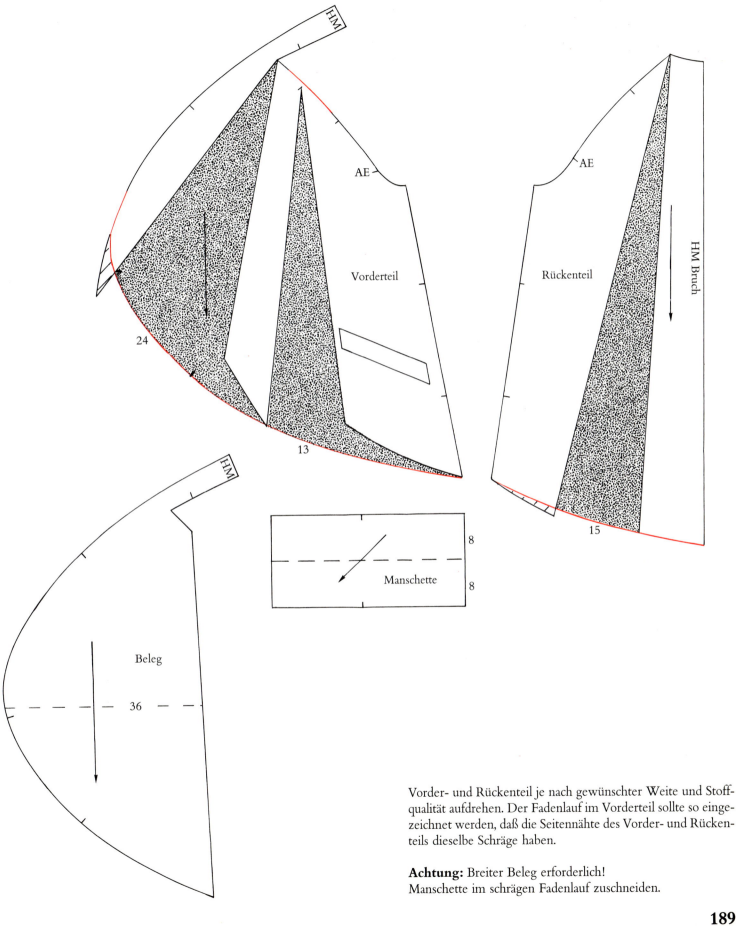

Vorder- und Rückenteil je nach gewünschter Weite und Stoffqualität aufdrehen. Der Fadenlauf im Vorderteil sollte so eingezeichnet werden, daß die Seitennähte des Vorder- und Rückenteils dieselbe Schräge haben.

Achtung: Breiter Beleg erforderlich!
Manschette im schrägen Fadenlauf zuschneiden.

Hosen

191

Das Maßnehmen für Damen und Herrren (ohne Oberbekleidung und ohne Schuhe)

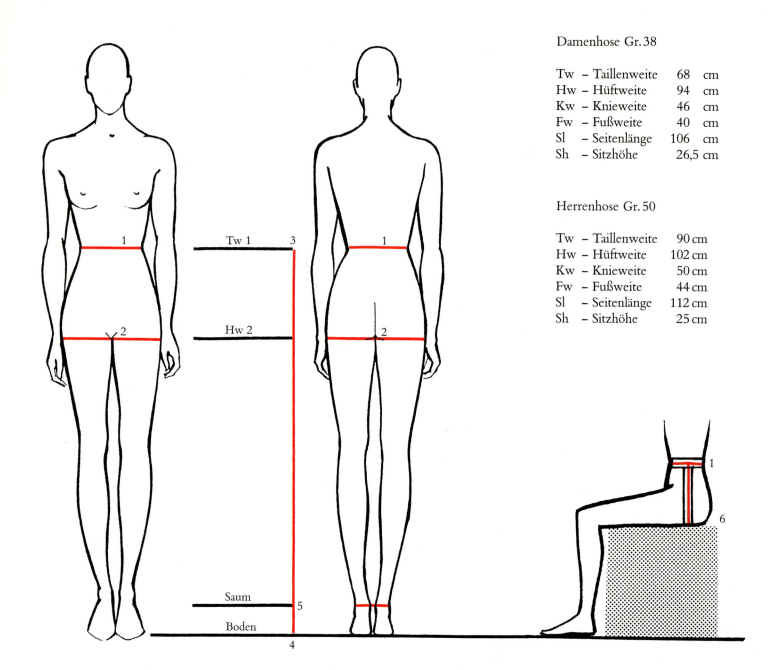

Damenhose Gr. 38

Tw	– Taillenweite	68	cm
Hw	– Hüftweite	94	cm
Kw	– Knieweite	46	cm
Fw	– Fußweite	40	cm
Sl	– Seitenlänge	106	cm
Sh	– Sitzhöhe	26,5	cm

Herrenhose Gr. 50

Tw	– Taillenweite	90	cm
Hw	– Hüftweite	102	cm
Kw	– Knieweite	50	cm
Fw	– Fußweite	44	cm
Sl	– Seitenlänge	112	cm
Sh	– Sitzhöhe	25	cm

1 = Tw – Taillenweite
2 = Hw – Hüftweite
3–4 = Sl – Seitenlänge bis Boden
4–5 = Lg – hochstellen für gewünschte Länge
1–6 = Sh – Sitzhöhe, siehe kleine Darstellung

Achtung: Vor dem Maßnehmen muß um die Taille ein festes, ca. 2 cm breites Band gelegt werden, damit alle Maße korrekt ermittelt werden können!

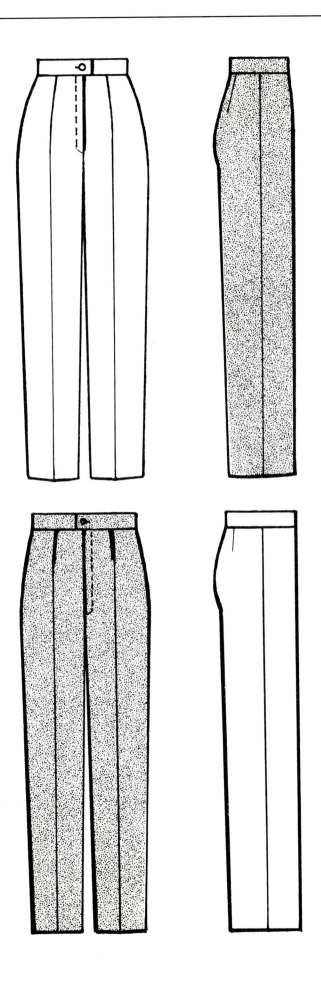

**Damenhose
Grundschnitt
Seite 194 + 195**

**Herrenhose
Grundschnitt
Seite 196 + 197**

Damenhose Gr. 38

Achtung: Beim Maßnehmen die Seitenlänge bis zum Boden messen!

Maße Gr. 38			Maße Gr.	
Tw	68	cm	Tw	
Hw	94	cm	Hw	
Kw	46	cm	Kw	
Fw	40	cm	Fw	
Sl	106	cm	Sl	
Sh	26,5	cm	Sh	

Vorderhose (Konstruktion)

- A – B = Sl (Seitenlänge)
- B – Ba = 3 bis 5 cm hochstellen, je nach gewünschter Hosenlänge
- A – C = Sh (Sitzhöhe) siehe kleine Skizze Seite 192
- A – D = 1 cm
- C – E = 8 cm hochstellen = Hw Linie
- F = ½ von E–B
- D–E–C–F–Ba auswinkeln
- E – G = ¼ Hw
- G = auswinkeln, ergibt H + J
- G – K = 1/10 von der ½ Hw + 1,5 cm
- E – K = halbieren = L
- L = nach oben und unten auswinkeln, ergibt Fadenlauf und Bügelfalte
  - sowie M = Kniepunkt
  - " N = Fußpunkt
- von M = siehe Skizze
- von N = siehe Skizze
- von H = 1 cm nach links = O
- G – O = verbinden = VM
- von O = in Richtung A ¼ Tw + 2 cm für den Abnäher ausmessen = P
  - Abnäher ca. 9 cm lang einzeichnen (siehe Skizze)
- K–Mb–Nb verbinden
- G – Q = Schrittrundung zeichnen wie Skizze
- P–E–Ma–Na = Seitennaht einzeichnen

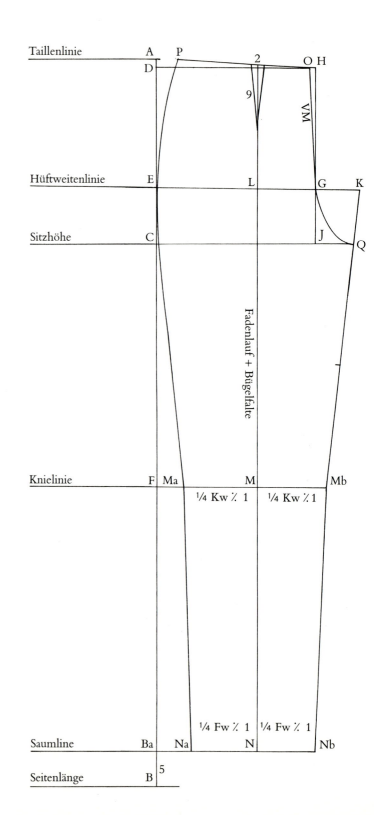

194

Hinterhose (Konstruktion)

Vorderhose herauskopieren
Achtung: Querlinien verlängern wie dargestellt.

- Q – R = 5 cm nach rechts
- M – Sa und M – Sb siehe Skizze
- N – Ta und N – Tb siehe Skizze
- R – Sb = durch Hilfslinien verbinden, diese halbieren, 1 cm nach links und über diesen Punkt innere Beinnaht zeichnen, weiter bis Tb
- von G = 1 cm nach links = U
- von O = 4 cm nach links abtragen, mit U verbinden, nach oben verlängern. Je nach Gesäßform 3–4 cm nach oben abtragen = W
- von W = ¼ Tw + 3 cm für den Abnäher ausmessen = X

Achtung: X liegt auf gleicher Höhe wie P

- von U = ¼ Hw + 1,5 cm auf der Hw Linie abtragen = Y
- X–Y–Sa–Ta Seitennaht einzeichnen
- Y – U = halbieren, Hilfslinie für Abnäher, Abnäher ca. 12 cm lang, wie Skizze. Bei großer Differenz zwischen Tw + Hw (schmale Taille, starke Hüfte) Zugaben für zwei Abnäher berechnen
- von R = 1 cm nach unten = Z
  Für faltenfreien Sitz der Hinterhose muß die Strecke zwischen Z + Sb um diesen 1 cm vor dem Zusammennähen der Naht gedehnt werden, bei weiten Hosen wird dieser Betrag wieder hochgestellt.
- U–Q–Z Schrittrundung einzeichnen wie Skizze

Fadenlauf und Bügelfalte wie Vorderhose

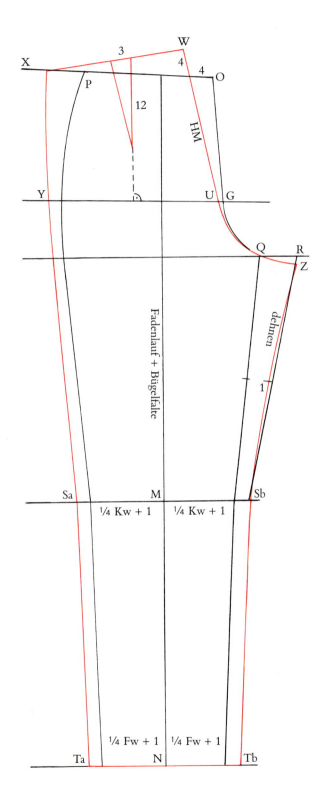

Vorderhose ———
Hinterhose ———

195

Herrenhose Gr. 50

Achtung: Beim Maßnehmen die Seitenlänge bis zum Boden messen!

Maße Gr. 50			Maße Gr.	
Tw	90	cm	Tw	
Hw	102	cm	Hw	
Kw	50	cm	Kw	
Fw	44	cm	Fw	
Sl	112	cm	Sl	
Sh	25	cm	Sh	

Vorderhose (Konstruktion)

- A – B = Sl (Seitenlänge)
- B – Ba = 3 bis 5 cm hochstellen, je nach gewünschter Hosenlänge
- A – C = Sh (Sitzhöhe) siehe kleine Skizze Seite 192
- A – D = 0,5 cm
- C – E = 8 cm hochstellen = Hw Linie
- F = ½ von E–B
- D–E–C–F–Ba auswinkeln
- E – G = ¼ Hw + 1 cm
- G = auswinkeln, ergibt H + J
- G – K = ¹⁄₁₀ von der ½ Hw + 2,5 cm
- E – K = halbieren = L
- L = nach oben und unten auswinkeln, ergibt Fadenlauf und Bügelfalte sowie M = Kniepunkt
  ” N = Fußpunkt
- von M = siehe Skizze
- von N = siehe Skizze
- von H = 0,5 cm nach links = O
- G – O = verbinden = VM
- von O = über A ¼ Tw + 3 bis 4 cm für die Bundfalte ausmessen = P, Falte einzeichnen (siehe Skizze)
- K–Mb–Nb verbinden
- G – Q = Schrittrundung zeichnen wie Skizze
- P–E–Ma–Na = Seitennaht einzeichnen

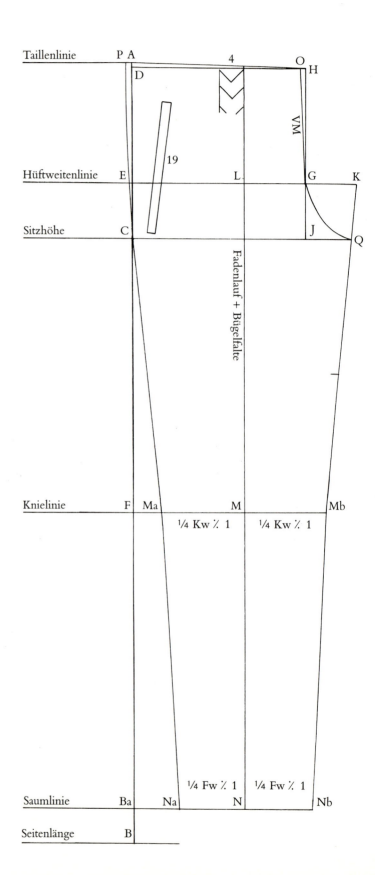

Hinterhose (Konstruktion)

Vorderhose herauskopieren
Achtung: Querlinien verlängern wie dargestellt.

- Q – R = 5 cm nach rechts
- M – Sa und M – Sb siehe Skizze
- N – Ta und N – Tb siehe Skizze
- R – Sb = durch Hilfslinien verbinden, diese halbieren, 1 cm nach links und über diesen Punkt innere Beinnaht zeichnen, weiter bis Tb
- von G = 1 cm nach links = U
- von O = 4 cm nach links abtragen, mit U verbinden, nach oben verlängern. Je nach Gesäßform 3 bis 4 cm nach oben abtragen = W
- von W = ¼ Tw + 2 cm für den Abnäher ausmessen = X

Achtung: X liegt auf gleicher Höhe wie P

- von U = ¼ Hw + 1,5 cm auf der Hw Linie abtragen = Y
- X–Y–Sa–Ta Seitennaht einzeichnen
- Y – U = halbieren, Hilfslinie für Abnäher, Abnäher ca. 12 cm lang
- von R = 1 cm nach unten = Z
  Für faltenfreien Sitz der Hinterhose muß die Strecke zwischen Z + Sb um diesen 1 cm vor dem Zusammennähen der Naht gedehnt werden, bei weiten Hosen wird dieser Betrag wieder hochgestellt.
- U–Q–Z Schrittrundung einzeichnen wie Skizze

Fadenlauf und Bügelfalte wie Vorderhose

Vorderhose ─────
Hinterhose ─────

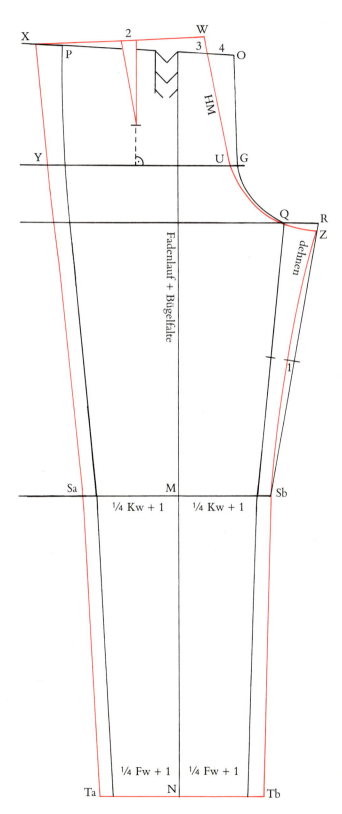

197

Fertiger Hosengrundschnitt mit Nahtzugaben

Gebräuchliche Nahtzugaben der Konfektion
Innere Beinnaht   1,5 cm
Seitennaht   1,5 cm
Schrittnaht   1   cm
Taillennaht   1   cm
Hintere Mittelnaht 1,5 cm
Säume   3   cm
Beleg   4   cm

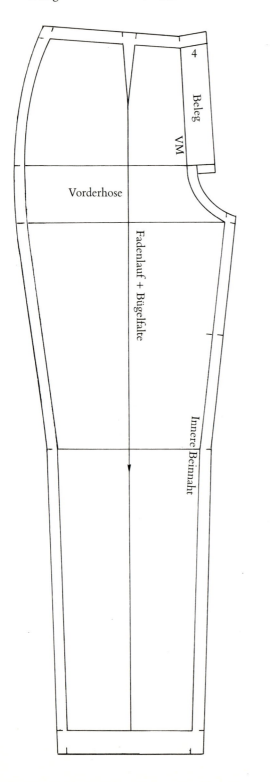
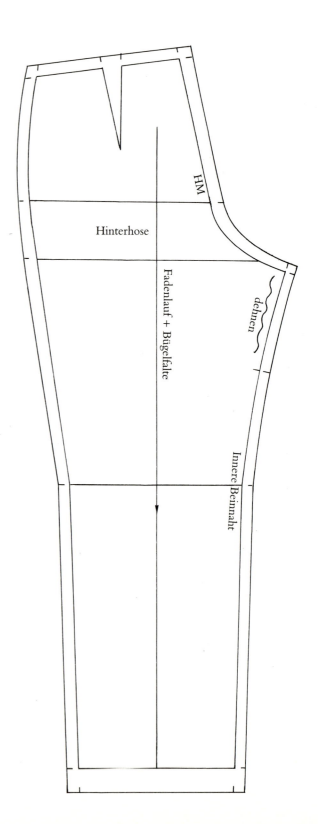

Enge Hose im Jeansstil

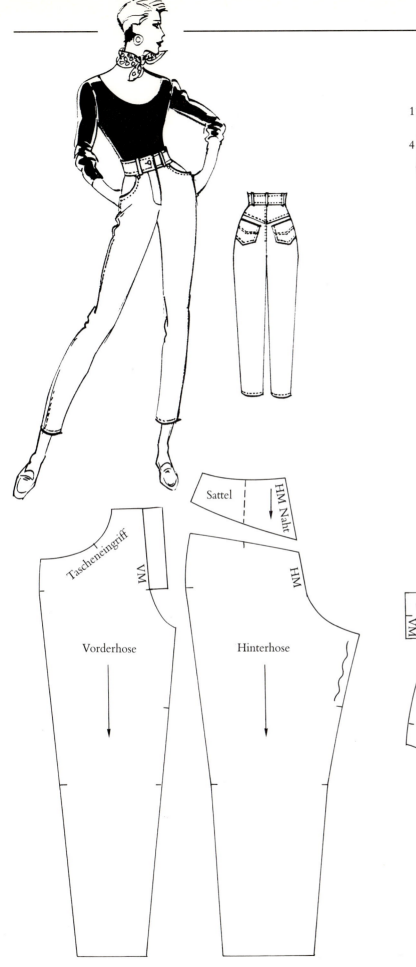

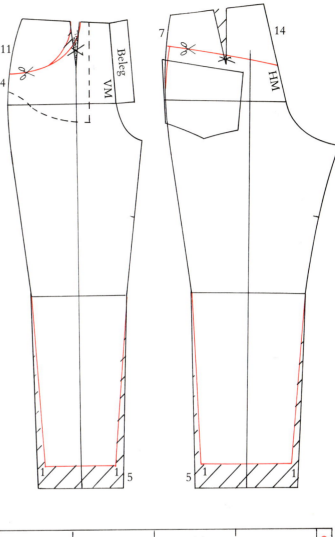

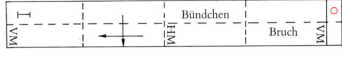

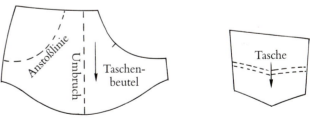

Im Vorderhosengrundschnittタscheneingriff markieren. Der Abnäher wird wie Skizze verlegt.
Im Hinterhosengrundschnitt Passe markieren, Restabnäher seitlich wegzeichnen.
Hosenlänge nach Wunsch kürzen und enger zeichnen.
Hinteren Sattel abtrennen und zusammenlegen.
Vorderhose: Seitliches Hüftteil mit Taschenbeutel herauskopieren, der Taschenbeutel zum Verstürzen wird angeschnitten (günstig für dünne Stoffe).
Das Bündchen kann auch mit HM Naht zugeschnitten werden.

199

Bundfaltenhose

Im Vorderhosengrundschnitt Abnäher wie Skizze verlegen und an der Seitennaht 1 cm zugeben, diese beiden Beträge ergeben eine 3 cm tiefe Falte. Einschnittlinie zum Aufdrehen für die zweite Falte ist die Fadenlauf- bzw. Bügelfaltenlinie.
Schnitteil nach Wunsch für Falte aufdrehen. Der Fadenlauf verläuft jetzt in der Mitte des aufgedrehten Betrages.
Die Hinterhose bleibt unverändert.

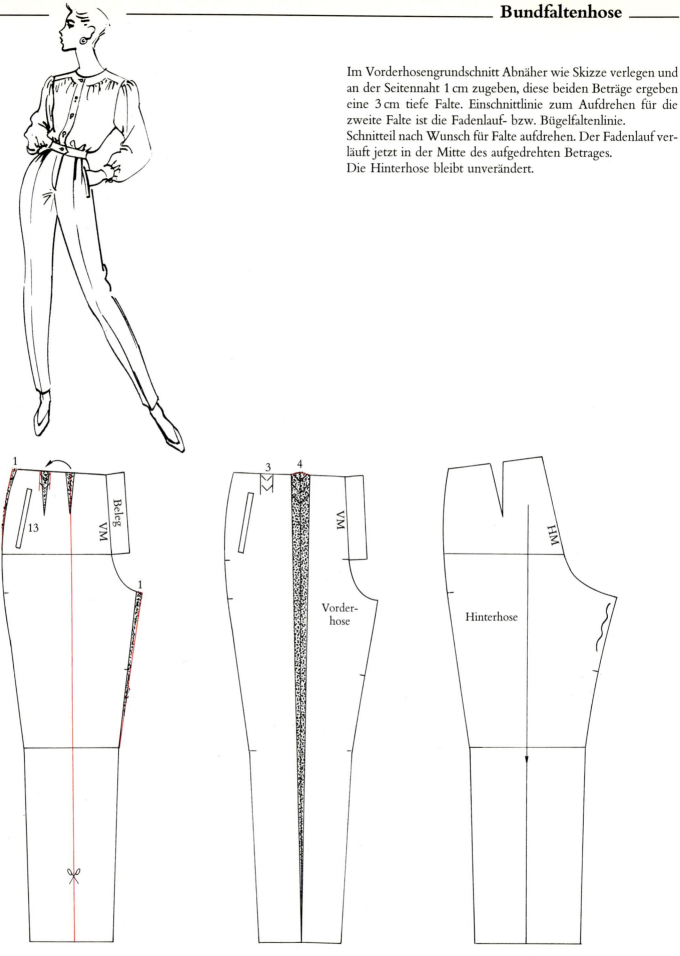

Weite Bundfaltenhose mit Aufschlag

Im Vorderhosengrundschnitt Abnäher wie Skizze verlegen und an der Seitennaht 1 cm zugeben, diese beiden Beträge ergeben eine 3 cm tiefe Falte. Einschnittlinie zum Aufdrehen für die zweite Falte ist die Fadenlauf- bzw. Bügelfaltenlinie. Seitennähte und innere Beinnähte zugeben wie Skizze. Vorderhose auseinanderlegen je nach gewünschter Beinweite und Stoffqualität.

Achtung: Hinterhose angleichen!
Vorne und hinten Aufschläge anzeichnen.

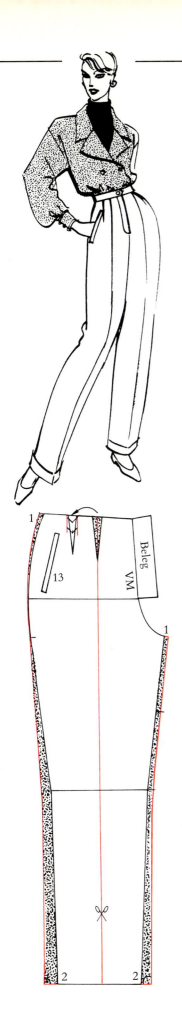
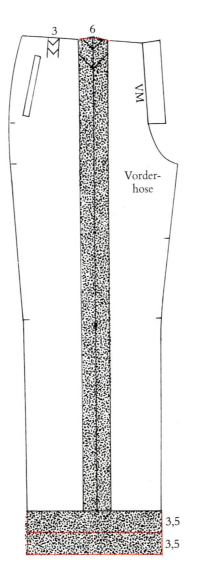
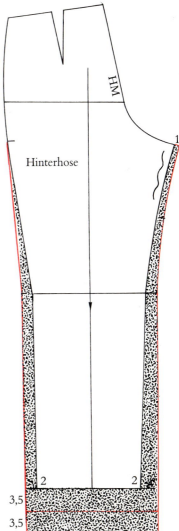

Schmale Hose mit angeschnittenem Bund

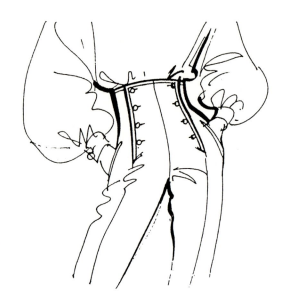

An den Grundschnitt von der Taillenlinie nach oben Bund in gewünschter Höhe anzeichnen.

Achtung: Obere Kante auf Körpermaß bringen.

In der Vorderhose Teilungsnaht einzeichnen, Knöpfe und Knopflöcher markieren.
Paspeltasche einzeichnen.
Hosenlänge und Saumweite nach Wunsch.
Teilungslinie aufschneiden, an die seitliche Vorderhose Untertritt anzeichnen.
Das Vorderteil wird bis zur Hüfte belegt.

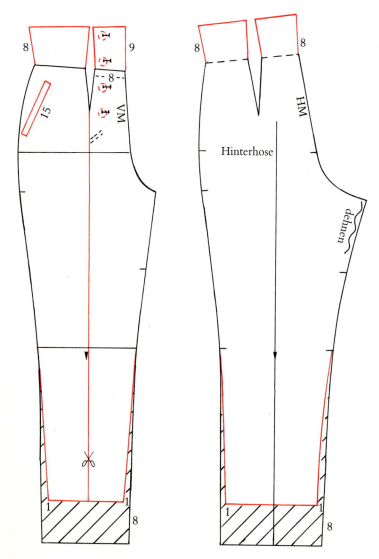

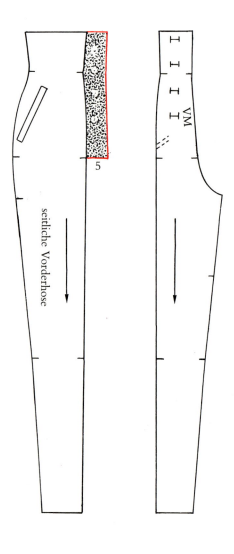

Hose mit Teilungsnähten

Im Vorderhosengrundschnitt Tascheneingriff und Teilungsnaht markieren. Saumweite vorne und hinten enger stellen und Seitennaht ausgleichen, siehe Skizze.
Hüftteil mit Taschenbeutel und Taschenbeutel zum Verstürzen herauskopieren.
Teilungslinie aufschneiden und Betrag für die Falten anzeichnen.

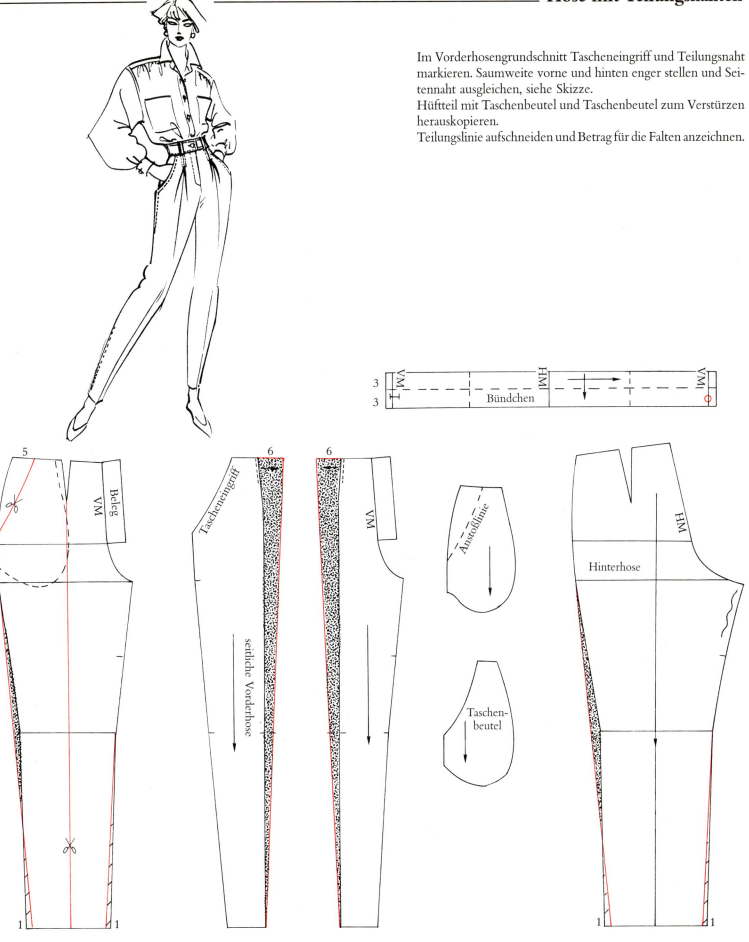

Hose in Karottenform

① Im Vorderhosengrundschnitt Teilungslinien und Linien zum Aufdrehen markieren. Vorne und hinten innere Beinnaht zugeben wie Skizze, unten enger stellen und Seitennähte in gerundeter Form anzeichnen.

② Seitliche Vorderhose nach Wunsch aufdrehen

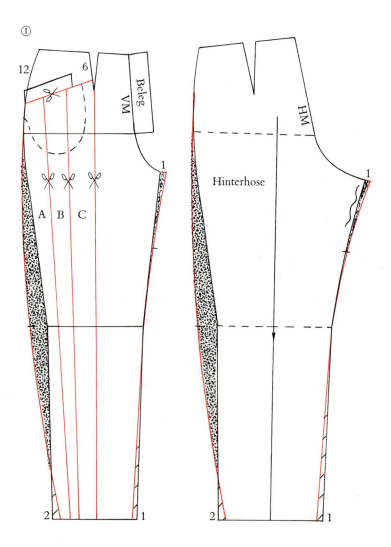

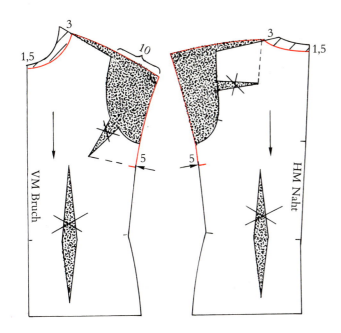

Oberteil: Im Kleidergrundschnitt Brust- und Schulterabnäher jeweils ins Armloch verlegen.

Vorne und hinten Halsausschnitt einzeichnen.

Schulterüberschneidung und Armlochvertiefung wie Skizze.

Achtung: Schulterbreite angleichen

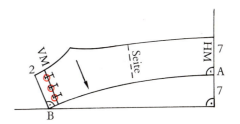

Konstruktion: Hosenbund

A – B = ½ Taillenweite + Übertittbreite

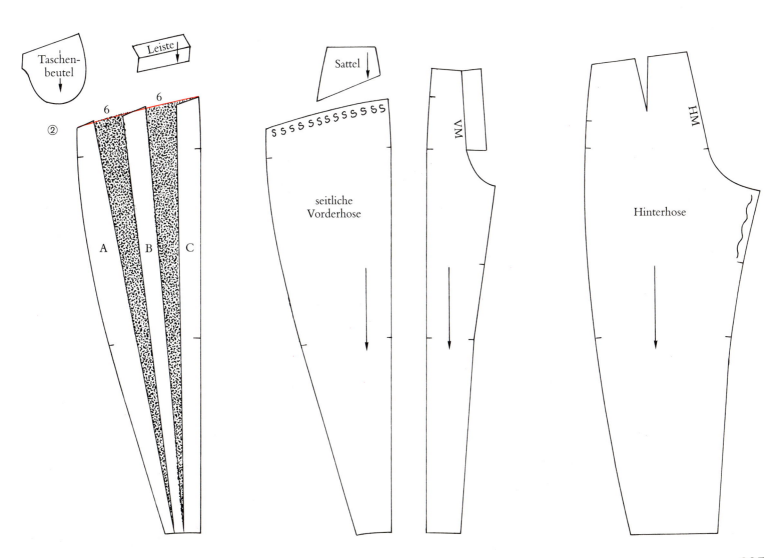

Weite Hose mit Sattel

① + ② Im Vorder- und Hinterhosengrundschnitt Teilungslinien für den Sattel und Linien zum Aufdrehen markieren.
Hosenlänge nach Wunsch einzeichnen, Weite zugeben wie Skizze.

③ + ④ Vorne und hinten Sattel abtrennen und Abnäher zusammenlegen.
Die Vorderhose für Falte aufschneiden und auseinanderlegen.

Achtung: Für besseren Fall zusätzlich am vorderen Mittelteil am Saum Weite zugeben!
Hinterhose aufdrehen.
Oberteil: Länge im Oberteil des Kleidergrundschnittes nach Wunsch einzeichnen.
Vorne und hinten Ausschnitt einzeichnen, Schulter schmaler zeichnen. Linien zum Aufdrehen markieren.
HM Übertritt anzeichnen.
Im Vorderteil Brustabnäher zusammenlegen, Seitenteil abtrennen und an die hintere Seitennaht anlegen, siehe Skizze. Am Rückenteil Beleg anzeichnen, Schulterabnäher zusammenlegen und aufdrehen.

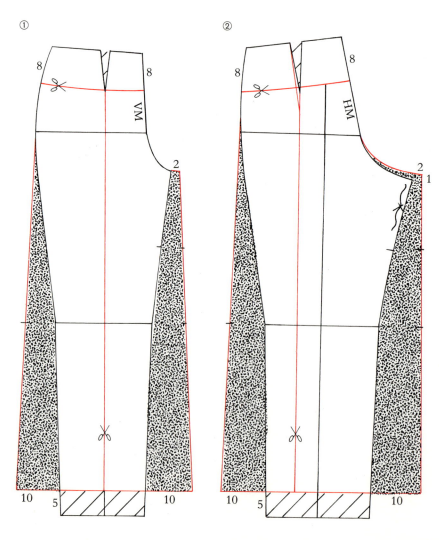

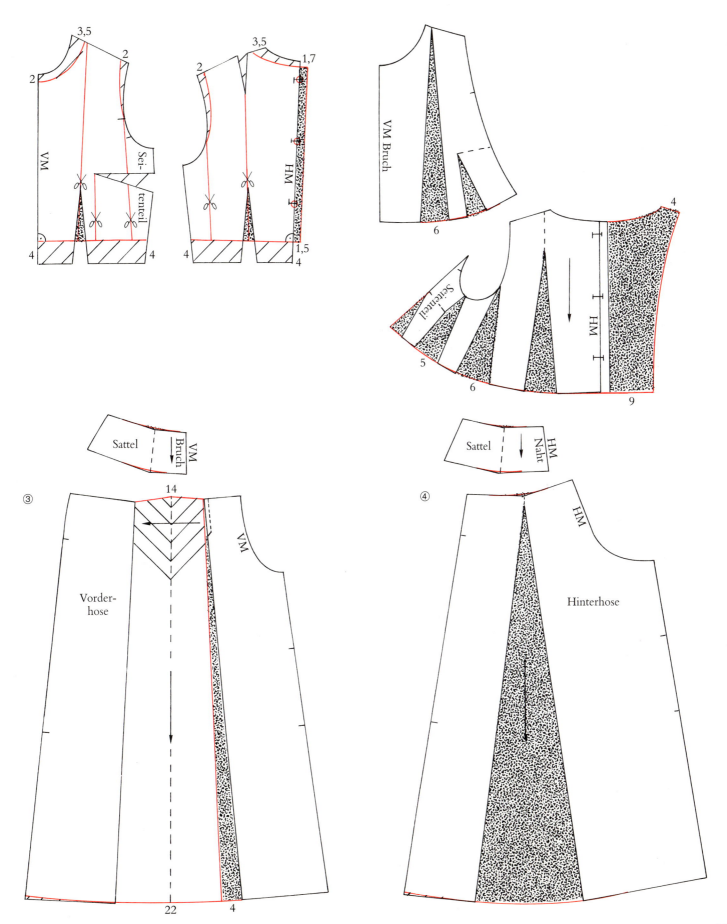

207

Weite Hüfthose

① Im Vorder- und Hinterhosengrundschnitt Vertiefung für Hüfthose markieren und Linien zum Aufdrehen. Weite zugeben wie Skizze.

② Vorder- und Hinterhose aufdrehen, dabei Abnäher jeweils zusammenlegen. Saumlinie ausgleichen. Belege zum Verstürzen herauskopieren.

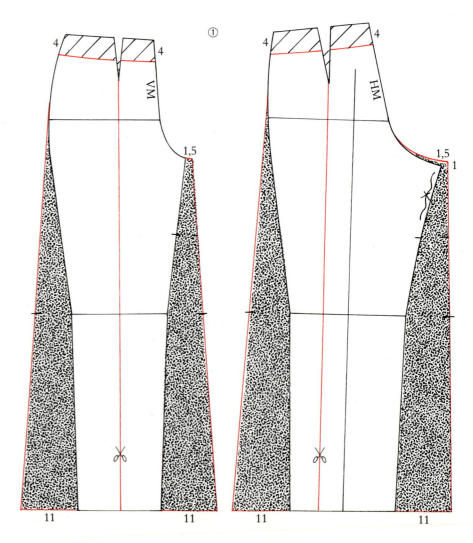

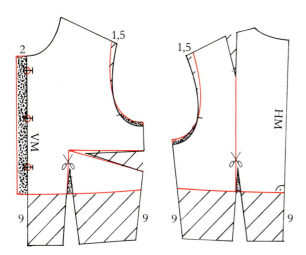
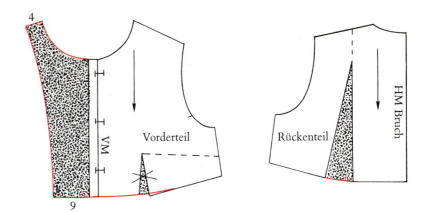

Top: Länge im Oberteil des Kleidergrundschnittes nach Wunsch einzeichnen.
Am Vorderteil Übertritt anzeichnen. Vorne und hinten Schulter schmaler zeichnen. Linien zum Aufdrehen markieren.
Beleg anzeichnen. Brust- und Schulterabnäher jeweils zusammenlegen.

1. Rüsche = fertig 6 cm breit
2. Rüsche = fertig 12 cm breit
Jeweils die doppelte Weite der Ansatzlinie zum Einkräuseln berechnen.

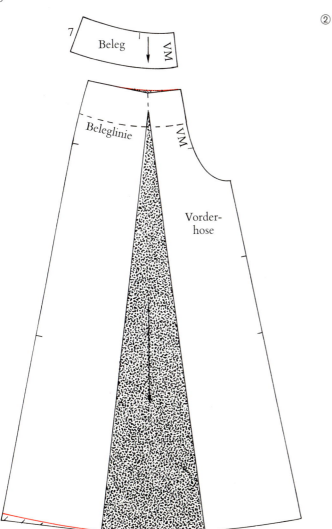
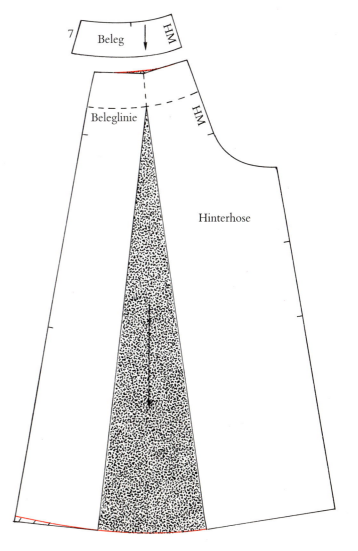

Hose mit angeschnittenem Bündchen und aufspringenden Falten

An den Hosengrundschnitt vorne und hinten in der Taille Bündchen anzeichnen.
Achtung: Obere Kante auf Körpermaß bringen!
Vorderhose: für den zweiten Abnäher seitlich 1 cm zugeben, siehe Skizze. Der hintere Abnäherbetrag wird auf zwei Abnäher verteilt. Linien zum Aufdrehen markieren, Hosenlänge nach Wunsch, Weite zugeben, siehe Skizze. Schnitteile für gewünschte Weite aufdrehen.
Beleg: Schnitteile des Bündchens jeweils aneinanderlegen.
Oberteil: An den Kleidergrundschnitt Schultererhöhung und -verbreiterung anzeichnen, siehe Skizze.
Linien zum Aufdrehen markieren. Brust- und Taillenabnäher werden für Kräuselweite zusammengelegt.

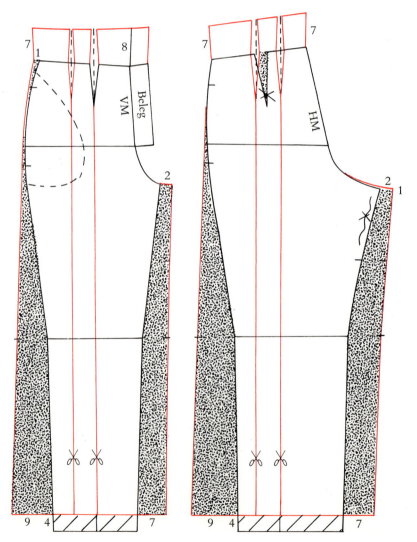

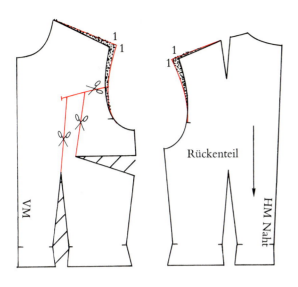
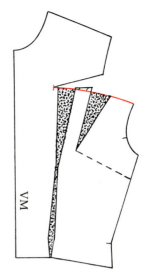
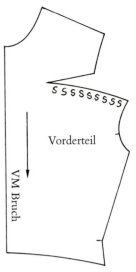
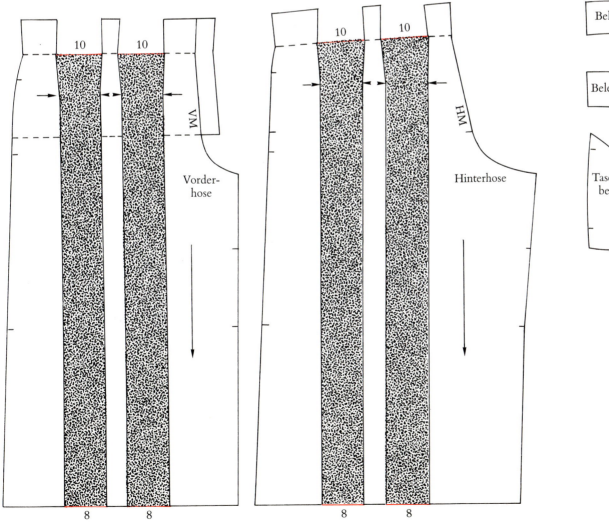

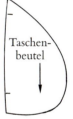

Hose mit seitlich tief eingelegter Falte

Am Vorderhosengrundschnitt in der Taille seitlich für Fältchen zugeben und Seitennaht zeichnen wie Skizze.
Linien zum Aufdrehen markieren.
Am Hinterhosengrundschnitt Abtrennung für den Sattel markieren, der restliche Abnäher wird HM und seitlich weggezeichnet. Seitennaht zeichnen. Vorne und hinten innere Beinnaht zugeben, siehe Skizze.
Vorderhose aufdrehen wie Skizze.
In der seitlichen Faltentiefe Tascheneingriff markieren und Taschenbeutel herauskopieren.
Die noch vorhandene Mehrweite in der Taille auf kleine Fältchen verteilen.
Hinterhose: Sattel abtrennen und Abnäher zusammenlegen.

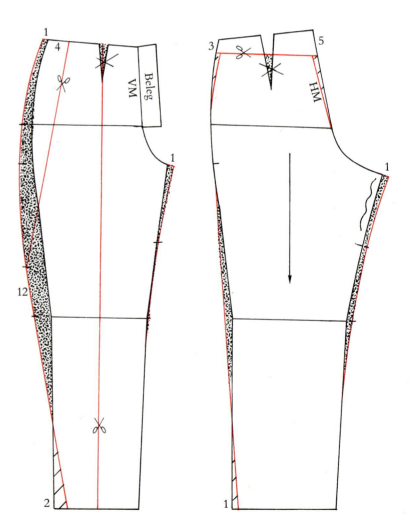

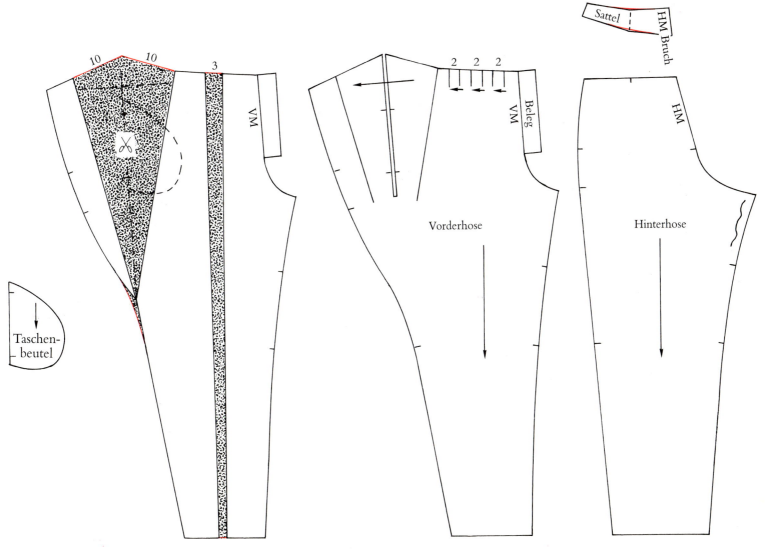

Weite Hose mit tiefen Falten und Wickeloberteil

Im Hosengrundschnitt vorne und hinten Abtrennung für den Sattel markieren. Hosenweite zugeben wie Skizze. In der Vorderhose Linien zum Aufdrehen markieren, die Falten sind auch in der Hinterhose möglich.
Vorne und hinten Sattel abtrennen und Abnäher zusammenlegen.
In der Vorderhose die Falten aufdrehen, Faltentiefe je nach Stoffqualität zugeben.
Achtung: Linien zum Aufdrehen der Falten immer genau so markieren, wie sie im fertigen Modell fallen sollen, Zeichnung genau beachten!

Oberteil: Im Kleidergrundschnitt Brust- und Schulterabnäher jeweils ins Armloch verlegen. Vorne und hinten Ausschnitt einzeichnen.
Achtung: Bei allen großen Ausschnitten des besseren Sitzes wegen immer 1 cm kneifen, siehe Skizze.
Vorne und hinten Schulterüberschneidung anzeichnen, siehe Skizze. Taillenweite auf Körpermaß bringen, Seitennaht und Ärmel einzeichnen.
Am Rückenteil Taillenverlängerung anzeichnen wie Skizze.
Am Vorderteil Bindeband anzeichnen.

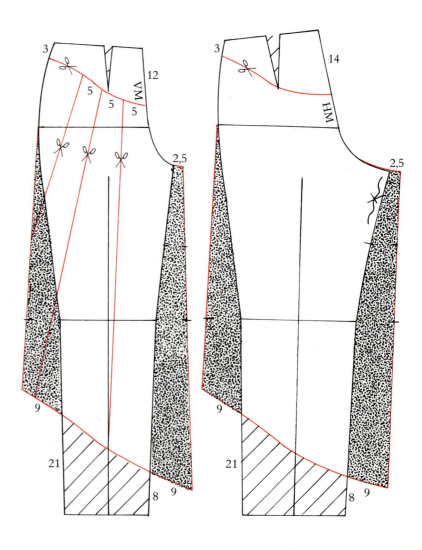

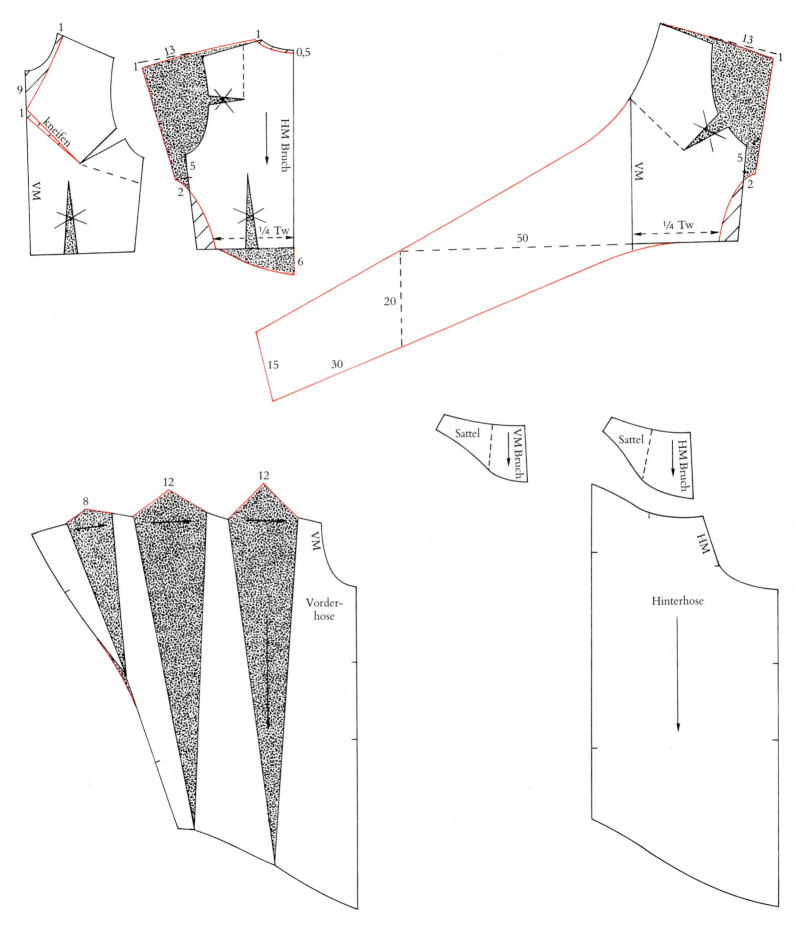

Hose mit seitlicher Drapierung

① Hosengrundschnitt nach Wunsch kürzer und enger stellen.
② Vorder- und Hinterhose aneinanderlegen, da das Modell ohne Seitennaht gearbeitet wird. Seitlich Weite zugeben, siehe Skizze. Die Abnäherbeträge jeweils seitlich wegzeichnen, Linien zum Aufdrehen markieren.
③ Falten je nach Stoffqualität aufdrehen, Beleg (oder Taschenbeutel) anzeichnen.

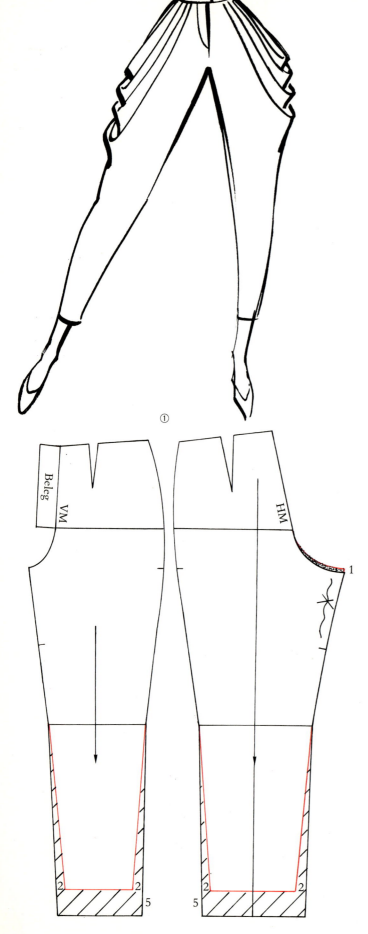
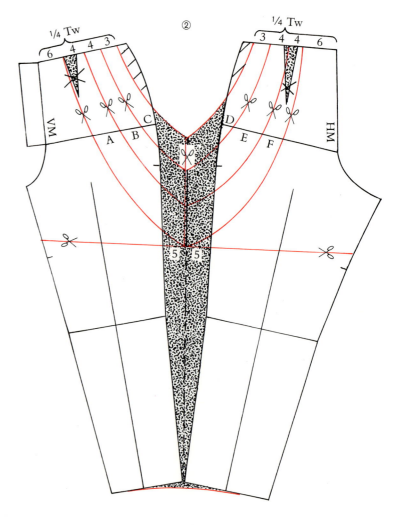

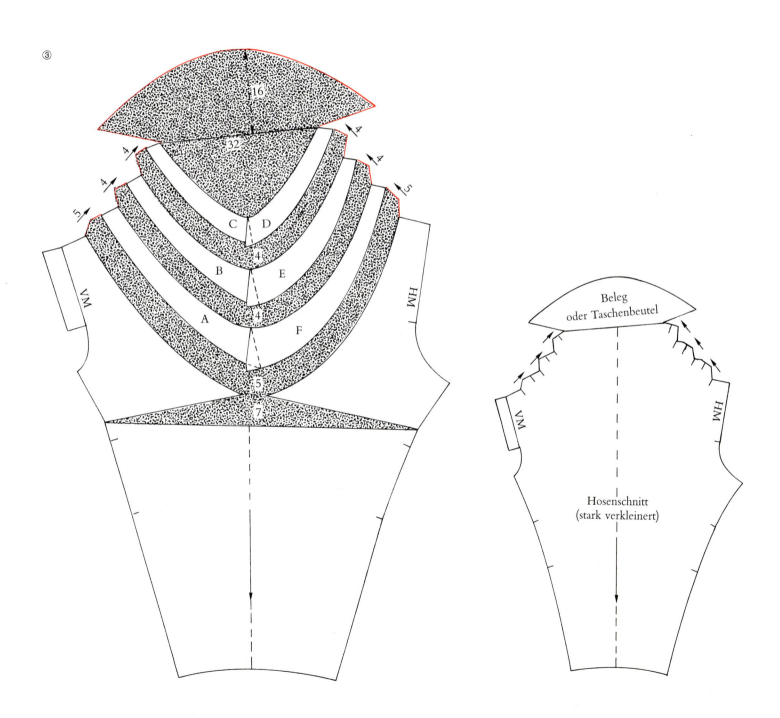

Shorts und Oberteil mit Wasserfallkragen

Im Hosengrundschnitt Länge für Shorts nach Wunsch einzeichnen. Bei sehr kurzen Hosen am Bein enger stellen, siehe Skizze.

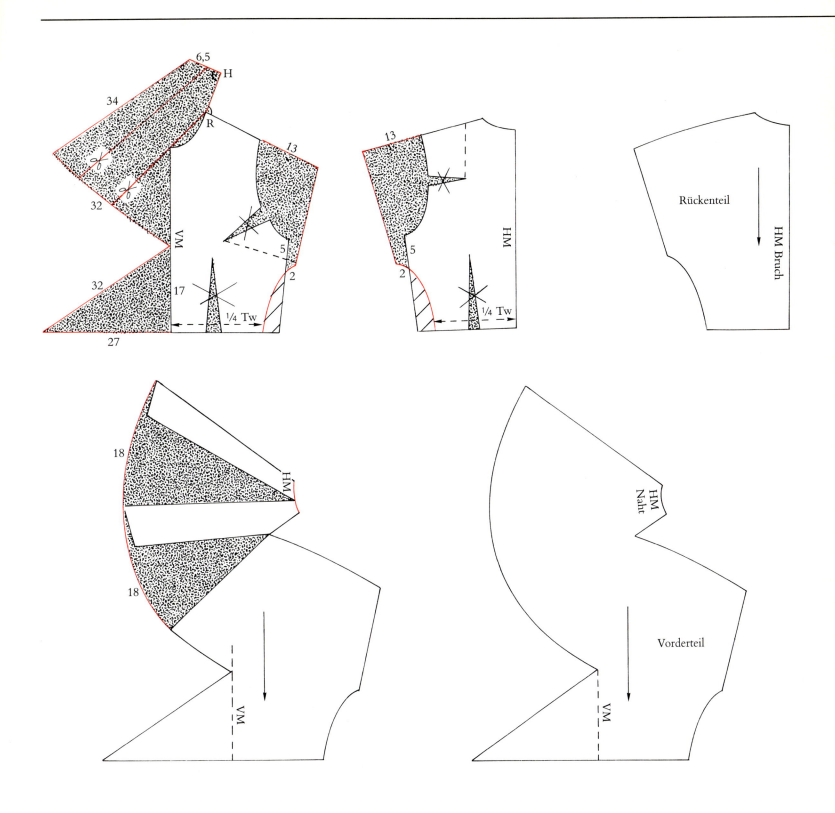

Oberteil: Im Kleidergrundschnitt Brust- und Schulterabnäher jeweils ins Armloch verlegen. Vorne und hinten Schulterüberschneidung anzeichnen, siehe Skizze.
Taillenweite auf Körpermaß bringen, Seitennaht und Ärmel einzeichnen. Am Vorderteil Stehkragen anzeichnen, R–H = ausgemessenes hinteres Halsloch. Kragen HM auswinkeln.

Kragenform und Bindeband anzeichnen wie Skizze. Linien zum Aufdrehen im Kragen markieren, Schnitteil aufdrehen.

Bermudas und Weste

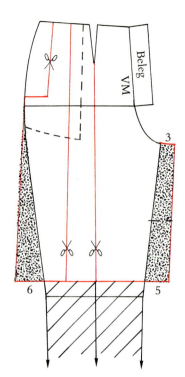
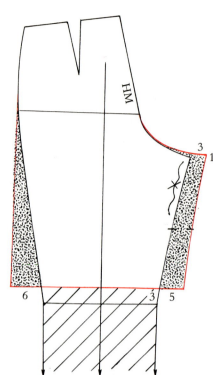

Im Hosengrundschnitt Länge für Bermudas nach Wunsch einzeichnen. Weitenzugabe wie Skizze.
Im Vorderteil Tascheneingriff und Linien zum Aufdrehen markieren. Seitliches Hüftteil mit Taschenbeutel herauskopieren, der Taschenbeutel zum Verstürzen wird angeschnitten.
Schnitteil für gewünschte Faltentiefe aufdrehen, Faltentiefe je nach Stoffqualität.

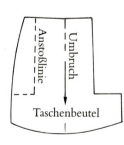
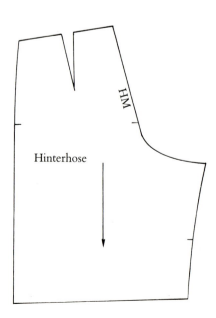

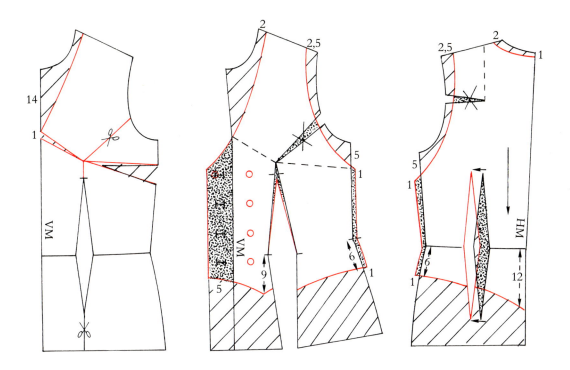

Im Kleidergrundschnitt Brustabnäher je zur Hälfte ins Armloch und in den Taillenabnäher verlegen. Ausschnitt einzeichnen.
Achtung: Bei allen großen Ausschnitten des besseren Sitzes wegen immer 1 cm kneifen, siehe Skizze.
Übertritt anzeichnen, Armloch vergrößern und Oberweite zugeben wie Skizze. Länge der Weste und Form nach Wunsch einzeichnen.

Rückenteil: Schulterabnäher ins Armloch verlegen, Armloch vergrößern und Oberweite zugeben, Ausschnitt einzeichnen. Länge und Form nach Wunsch einzeichnen.
Fertige Schnitteile.

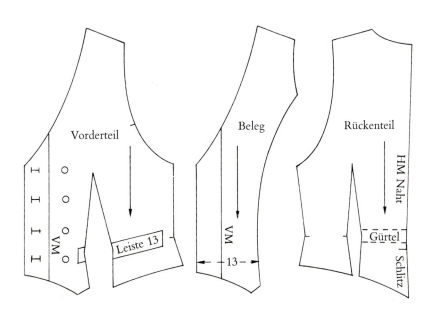

Pumphose ¾ lang

Im Vorder- und Hinterhosengrundschnitt Hosenlänge nach Wunsch einzeichnen, Weite zugeben wie Skizze. Linien zum Aufdrehen markieren, VM Übertritt anzeichnen. Schnitteile aufdrehen, Weite je nach Wunsch und Stoffqualität zugeben. Kniebündchen je nach Beinweite zeichnen.

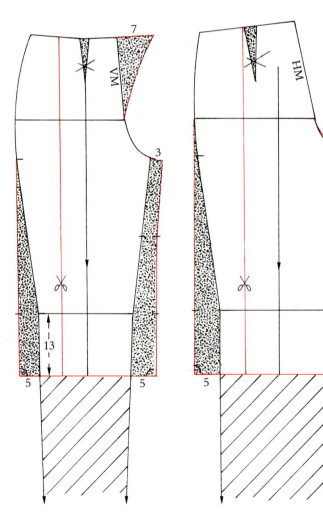

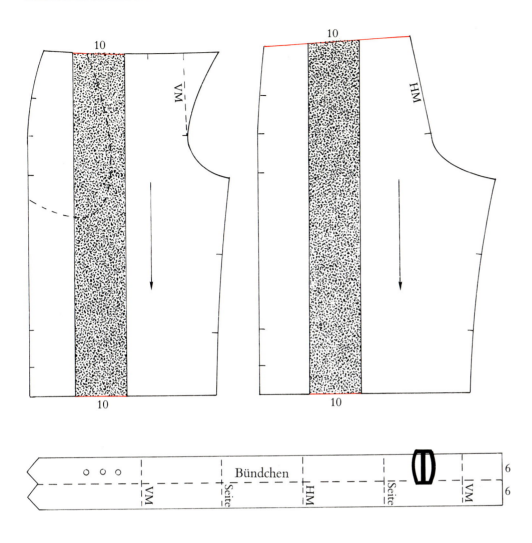
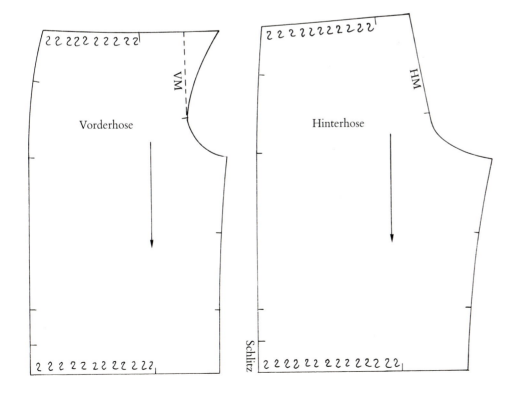
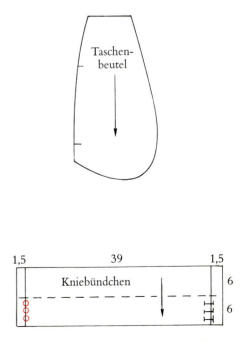

223

„Reiterhose"

Im Hosengrundschnitt Abtrennung für die Stulpen markieren, Stulpenweite und -länge nach Wunsch.
Seitliche Rundung in gewünschter Form anzeichnen.
Innere Beinnaht zugeben, siehe Skizze.

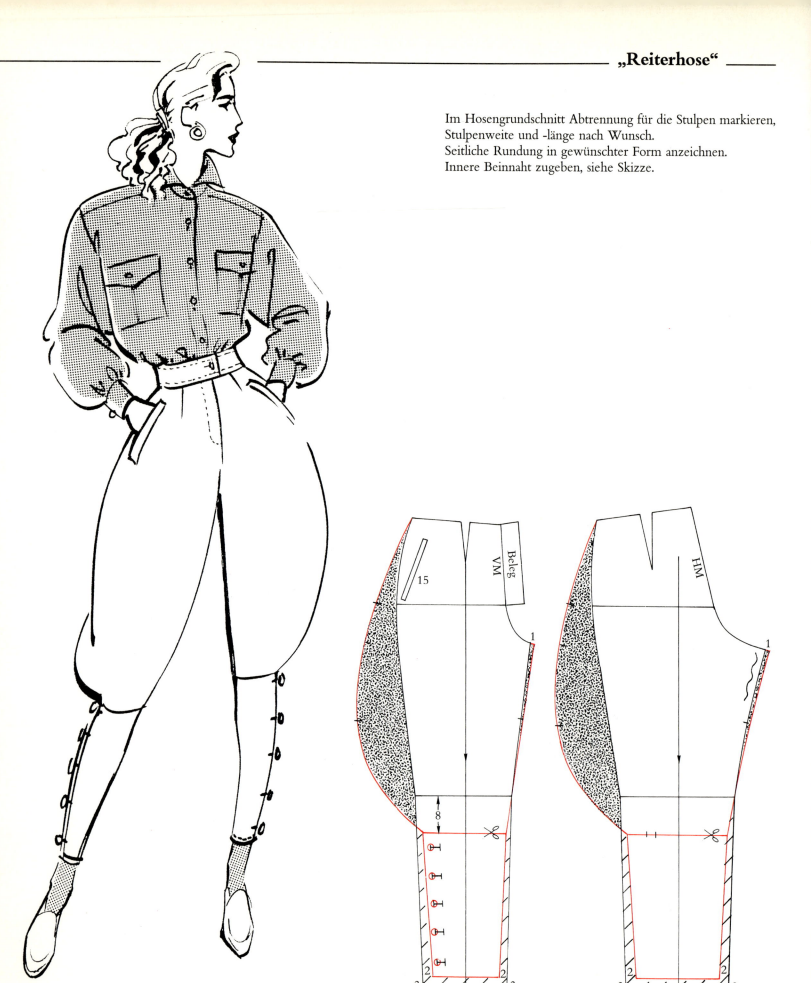

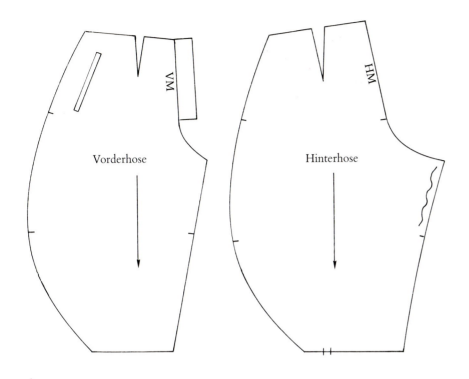

Fertige Hosenschnitteile
An den Stulpen Untertritt und Belege anzeichnen.

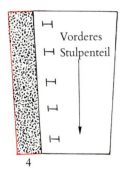 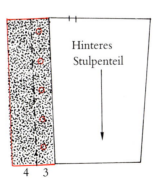

Overall mit Kellerfalten

Hosengrundschnitt und Oberteil des Kleidergrundschnittes in entsprechender Position anlegen, siehe Skizze.
Schulter schmaler zeichnen. Linien für Passe markieren, der Brustabnäher wird in die Passennaht verlegt, Linien zum Aufdrehen markieren.
Seitliche Rundung in gewünschter Form anzeichnen, innere Beinnaht zugeben, siehe Skizze. Hose zum Saum enger stellen.

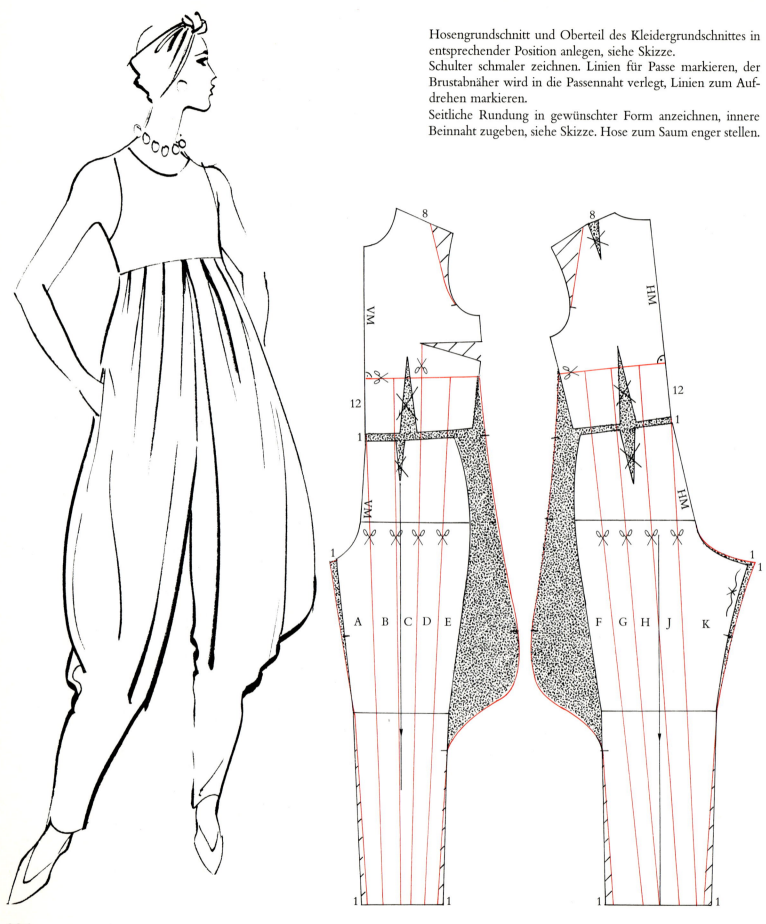

Passe:

Achtung: Bei großem Busen den Abnäher nicht seitlich wegzeichnen, sondern ausnähen!
Hosenschnitteile aufdrehen.
Des besseren Sitzes wegen sind die Falten in der VM und HM doppelt so tief wie die übrigen Falten.

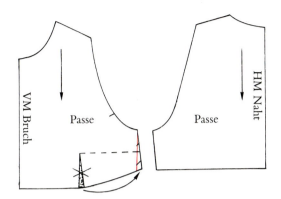

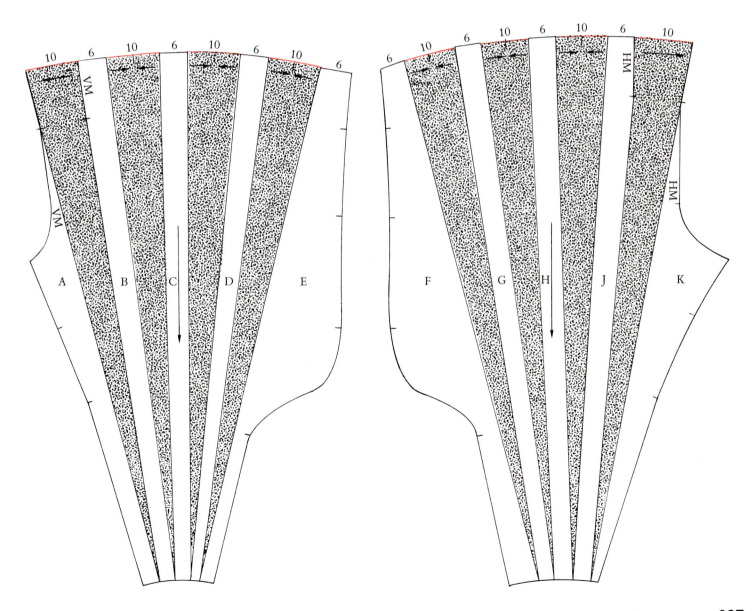

Overall mit Passe

Hosengrundschnitt und Oberteil des Kleidergrundschnittes in entsprechender Position aneinanderlegen.
Achtung: In der Taille ca. 3 cm dazwischengeben für Bewegungsweite (entfällt bei dehnbaren Stoffen). Vorne und hinten Ausschnitt einzeichnen, Schulter schmaler zeichnen.
Achtung: Die Schulterbreite muß gleich sein! Blende einzeichnen, Übertritt anzeichnen, Linien für Passe und zum Aufdrehen markieren. Hosenlänge nach Wunsch zeichnen. Seitennaht und innere Beinnaht siehe Skizze, Tascheneingriff markieren.

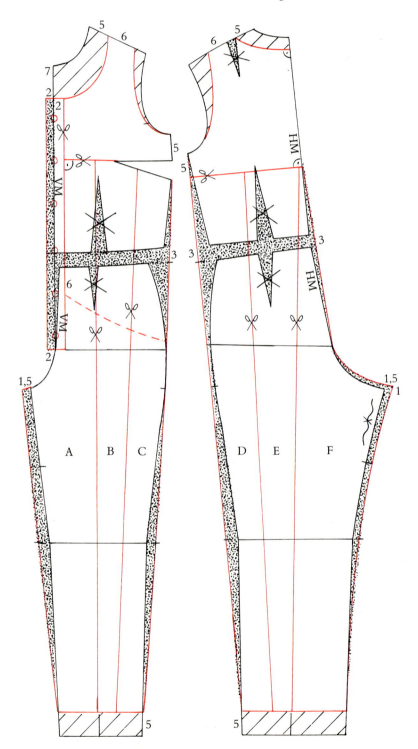

Blende abtrennen, Beleg anzeichnen. Hosenteile aufdrehen, siehe Skizze, vorne Taschenbeutel markieren.
Mittleres Vorderteil abtrennen, herauskopierten Taschenbeutel anlegen.

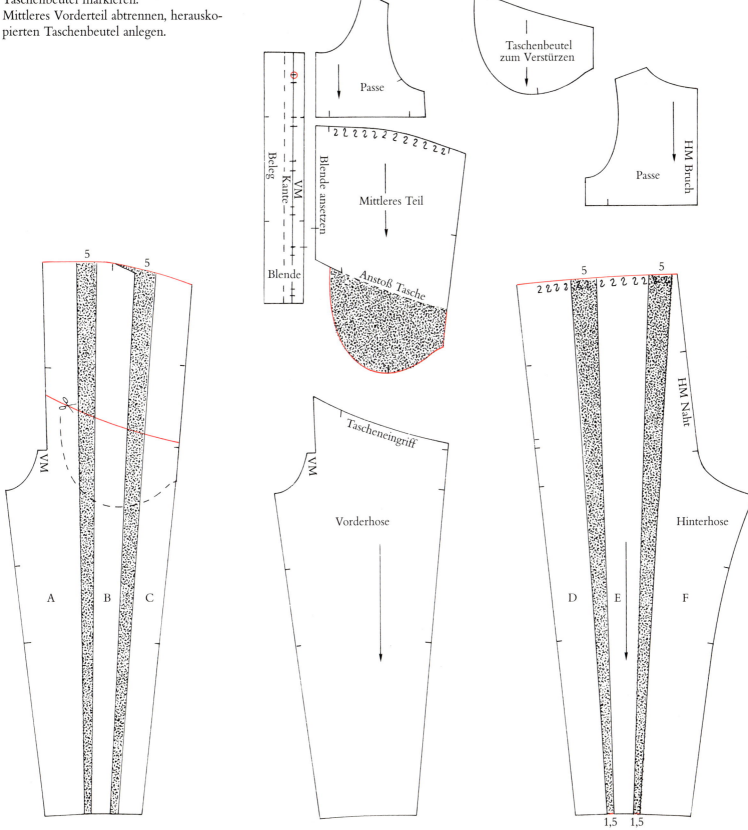

Overall mit Schalkragen

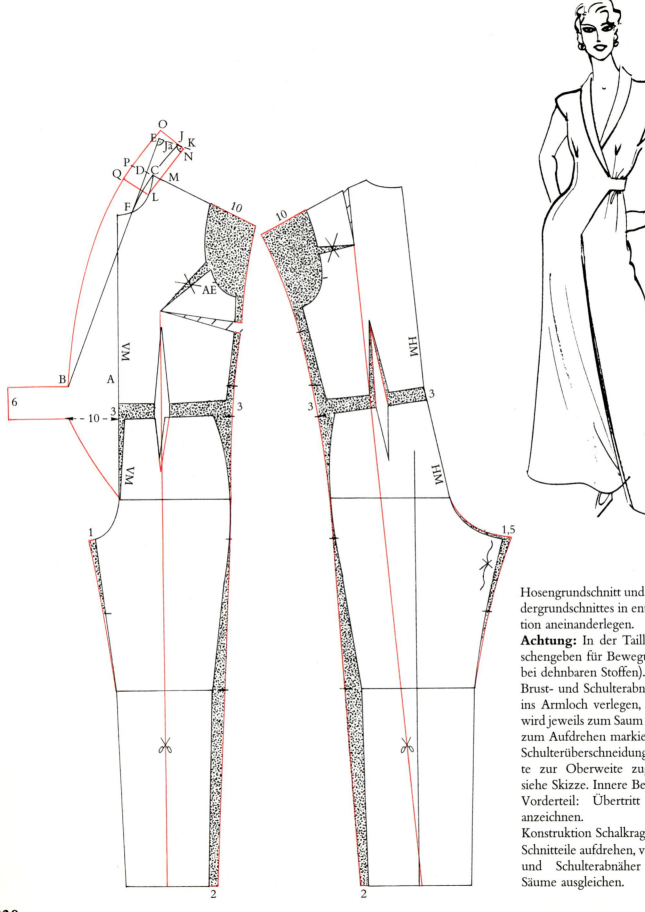

Hosengrundschnitt und Oberteil des Kleidergrundschnittes in entsprechender Position aneinanderlegen.

Achtung: In der Taille ca. 3 cm dazwischengeben für Bewegungsweite (entfällt bei dehnbaren Stoffen).

Brust- und Schulterabnäher je zur Hälfte ins Armloch verlegen, die andere Hälfte wird jeweils zum Saum aufgedreht. Linien zum Aufdrehen markieren.

Schulterüberschneidung anzeichnen, Weite zur Oberweite zugeben, Seitennaht siehe Skizze. Innere Beinnaht zugeben.

Vorderteil: Übertritt mit Bindeband anzeichnen.

Konstruktion Schalkragen Seite 165.

Schnitteile aufdrehen, verbleibende Brust- und Schulterabnäher zusammenlegen, Säume ausgleichen.

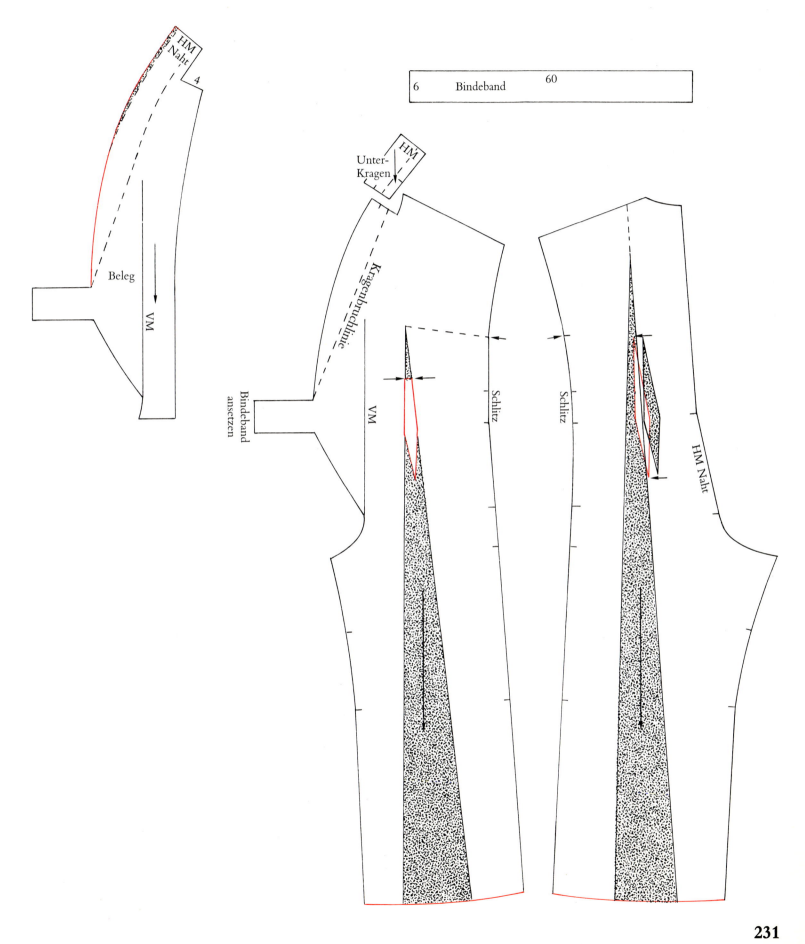

Herrenoverall mit Kapuze

Herrenhosengrundschnitt und Oberteil des Herrenhemdes in entsprechender Position aneinanderlegen.

Achtung: In der Taille ca. 5 cm dazwischengeben für Bewegungsweite (entfällt bei dehnbaren Stoffen). Schulterbreite und Oberweite zugeben, Weitenzugabe an den Seiten und innere Beinnaht siehe Skizze. Halsloch vergrößern.
Vorderhose Linie zum Aufdrehen markieren.

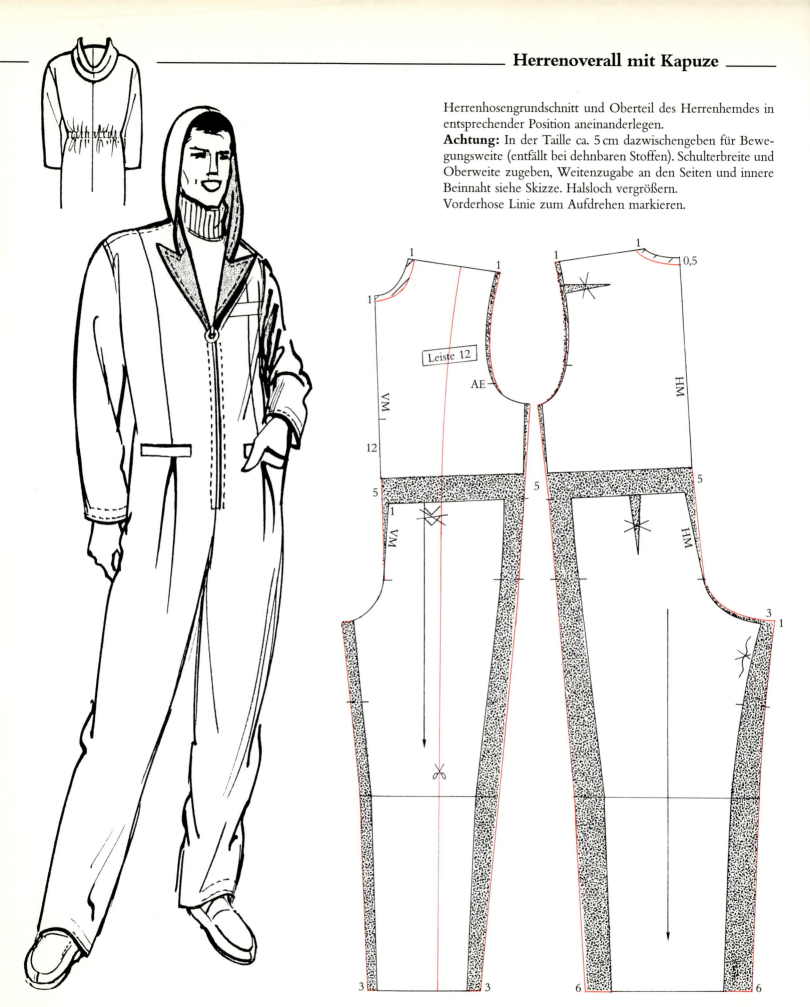

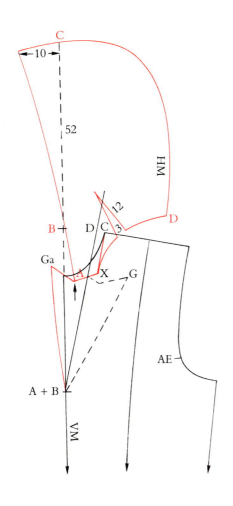
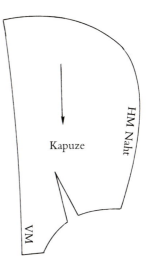

Revers mit Kapuze: Reverskonstruktion Seite 144–145
Statt des Unterkragens wird die Kapuze konstruiert.
Kapuzenkonstruktion Seite 235 = rote Buchstaben bei diesem Beispiel

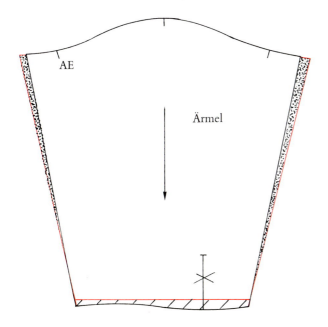

Hemdenärmel: Armloch vorne und hinten ausmessen, die Maße mit der Armkugel vergleichen, Differenz seitlich am Ärmel zugeben, siehe Skizze.

Achtung: Das Armloch darf nie weiter sein als die Armkugelweite.

233

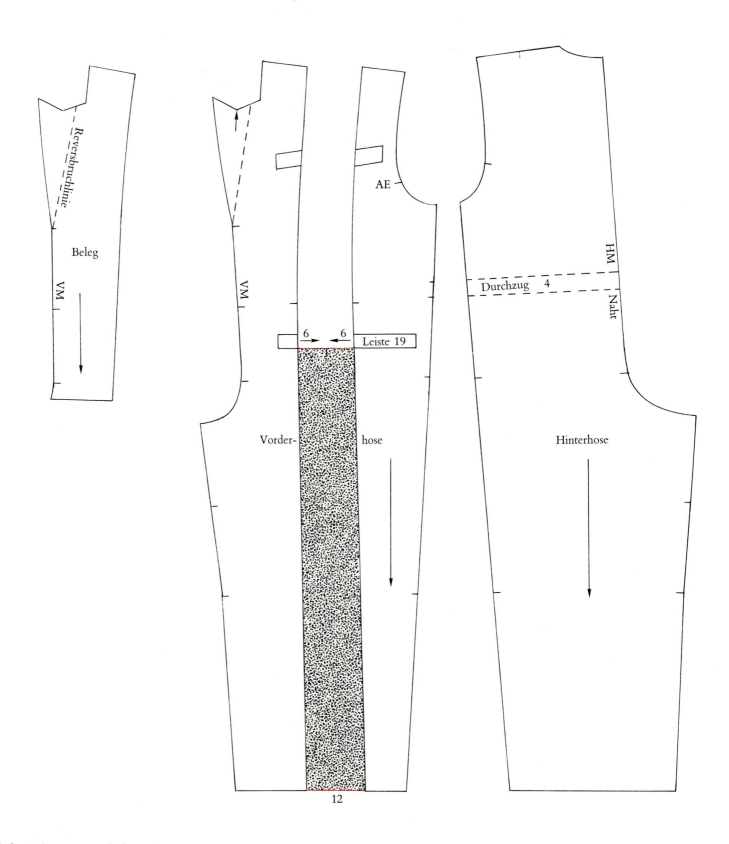

Vorderteil für Falte auseinanderlegen, je nach Stoffqualität.
Fertiger Hinterhosenschnitt, Durchzug für Tunnel einzeichnen.

Kapuze, Kapuzenvariation

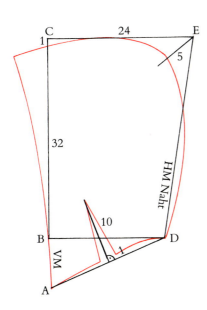
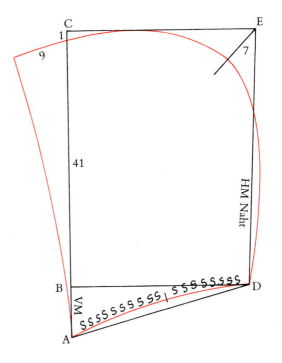

A – B = Hs
B – C = Kopfhöhe
A – D = ½ Halslochweite + 3 cm
  für Abnäher
C – E = gewünschte Kapuzenbreite

Form und Rundung je nach gewünschtem Modell einzeichnen.

A – B = Hs
B – C = Kopfhöhe + Mehrlänge
A – D = ½ Halslochweite + Weite
  zum Einkräuseln
C – E = gewünschte Kapuzenbreite

Form und Rundung je nach Modell einzeichnen.

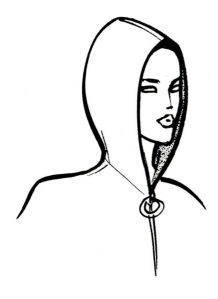

235

Damengrößentabelle

Größe		36	38	40	42	44	46	48	50	52	54
Körpermaße in cm Körpergröße 168 cm											
Oberweite	– Ow	84	88	92	96	100	104	110	116	122	128
Taillenweite	– Tw	64	68	72	76	80	84	90	96	102	108
Hüftweite	– Hw	90	94	98	102	106	110	116	122	128	134
Ärmellänge	– Älg	59	59	59,5	59,5	60	60	60,5	60,5	61	61
Handgelenkweite	– Hgl	15,5	16	16,5	17	17,5	18	18,5	19	19,5	20
Rückenlänge	– Rl	40,7	41	41,3	41,6	41,9	42,2	42,5	42,8	43	43,2
Vordere Länge	– Vl	44	45	46	47	48	49	50	51	52	53
Brusttiefe	– Bt	26	27	28	29	30	31	31,5	32,5	33,5	34,5
Schulterbreite	– Sch	13	13	13	13	13,5	13,5	14	14	14	14
Sitzhöhe	– Sh	26,5	26,5	27	27	28	28	29	29	29	29
Seitenlänge	– Sl	106	106	106	106	106,5	106,5	106,5	106,5	106,5	106,5
Knieweite	– Kw	42	46	50	54	56	58	60	62	62	62

Herrengrößentabelle

Größe		44	46	48	50	52	54	56	58		
Körpermaße in cm Körpergröße 180 cm											
Oberweite	– Ow	88	92	96	100	104	108	112	116		
Taillenweite	– Tw	78	82	86	90	94	98	102	106		
Hüftweite	– Hw	90	94	98	102	106	110	114	118		
Ärmellänge	– Älg	65	65	66	66	67	67	68	68		
Rückenlänge	– Rl	47,5	47,5	48	48,5	49	49	50	50		
Vordere Länge	– Vl	49	50	51	52	53	53	54	54		
Schulterbreite	– Sch	16	16	16,5	16,5	17	17	17,5	17,5		
Halsweite		37	38	39	40	41	42	43	44		
Sitzhöhe	– Sh	25	25	25	25	26	26	26	26		
Seitenlänge	– Sl	112	112	112	112	113	113	113	113		
Knieweite	– Kw	46	46	48	50	52	52	54	54		

Größentabellen für Spezialmaße (schlanke Größen, untersetzte Größen etc.) sind gegen Gebühr zu erhalten beim Verband der Herrenbekleidungsindustrie e. V. Mevissenstraße 15, 50668 Köln.

Register

A	Seite		Seite
Achsel s. Schulter		Bluse s. Hemdbluse	38
Ärmel		Bubikragen mit Steg	63
– flache Kugel	43, 45	Bund angeschnitten	
Ärmel Grundschnitte		– Rock	12, 20
– Bluse	36–37	– Hose	202, 210
– Hemd	65	– Hose in Form	205
– Kleid	80–81	Bundfaltenhose	200, 201
– Jacke zweiteilig	138–139		
– Jacke einteilig	150		
– Raglan	99–101	**C**	
Ärmel			
– angeschnitten	183	Chemisette	70
– aufgedrehter Kräuselärmel	41	Corsage	87
– eng mit gekräuselter Kugel	112, 115	Crochetwinkel	145
– kurz mit Aufschlag	69		
– kurz aufgedreht	91	**D**	
– lang aufgedreht	59, 93, 180		
Ärmelvariationen	109	Drapierung	
Ärmelverbreiterung	47, 107, 152	– Rock	22
Armkugelstand	41, 93	– Kleid	111, 118, 120
Armloch vertiefen		– Hose	216
– Bluse	44, 46		
– Kleid	89, 107	**E**	
– Jacke	152		
Aufdrehen		Einseitige Schnitte	
– Rock	4, 5, 8, 9	– Rock	13, 16–17
– Bluse	41, 43, 45, 49, 51	– Kleid	111, 114
– Kleid	89, 90, 94, 111, 118, 120		
– Jacke	189	**F**	
– Hose	204, 212, 216		
Aufschlag-Hose	201	Fallendes Revers	144–145
Ausgestellte Hosen	207, 209	Falten	
Ausschnitt		– abgenäht	43
– groß rund	58, 84, 185	– aufgedreht Rock	11
– groß spitz	82, 94, 111	– einseitig Rock	13
Asymmetrische Schnitte s. einseitige Schnitte		– Gehfalte	3
		– Golffalte	27
		– Kellerfalten	12, 14, 39
		– Liegefalten Rock	16–17
B		” Bluse	46–47, 51
		” Kleid	107
Ballonärmel	180	” Hose	214, 220
Ballonrock	25	– Quetschfalte	15
Beleg	47, 50, 101, 153, 165, 209, 234	Fledermausärmel	53, 60, 62, 96, 120, 174
Bermudas	220		
Blazer		**G**	
– Grundschnitt Damen	129–131		
– Grundschnitt Herren	133–137	Gehfalte	3
Blazer mit Seitennaht	148	Glockenrock	18
Blenden	90	Glockenteile s. Godets	
Blouson	176		

238

	Seite
Glockenvolant	59
Godets	
– angeschnitten	6, 9, 82, 84
– eingesetzt	7
Golffalte	27
Größentabelle	
– Damen	236
– Herren	237
s. auch Maßtabellen	
Grundschnitte	
– Rock	3
– Bluse	33–35
– Hemd	66
– Kleid	77–79
– Blazer Damen	129–131
– Blazer Herren	133–137
– Hose Damen	194–195
– Hose Herren	196–197
Gummizug s. Tunnelzug	

H

Hemdbluse	38
Hemdblusenkragen	38, 67
Herrenhemd	
– Grundschnitt	64
Hose	
– aufgedreht	206, 208, 210
Hosengrundschnitt	
– Damen	194–195
– Herren	196–197
Hosenrock	27, 28
Hüfthose	208

J

Jeans	199

K

Kapuze	233, 235
Karottenhose	204
Kellerfalte s. Falten	
Keulenärmel	109
Kimono s. Fledermausärmel	
Kleidergrundschnitt	77–79
Kniebund	222
Knopfleiste	16, 53, 178
Kräuseleffekte	24, 48–49, 56–57
Kragenkonstruktion	46, 108, 181, 185
Kragen	
– m. angeschnittenem Steg	42
– aufdrehen	219
– rund	57

	Seite
Kugelstand s. Armkugelstand	
Kuppelrock s. Ballonrock	

L

Leiste	
– einfache	40, 42
– verdeckte	38
– verdeckt und angesetzt	71
Leistenverschluß	
– Bluse	53
– Rock	16
Liegefalten s. Falten	

M

Manschetten	43, 71, 89, 93, 175
Maßnehmen	
– Rock	2
– Bluse	30
– Kleid	74
– Jacke	126
– Hose	192
Maßtabellen	
– Berechnung für	
– Rock	2
– Bluse	31–32
– Hemd	65
– Kleid	75–76
– Jacken Damen	127–128
– Blazer Herren	132–134

N

Nahtzugaben	
– Blazer Oberstoff	142
– Blazer Taft	141
– Hose	198

O

Oberarmnaht	
– Bluse	37, 54
– Kleid	81, 99
– Blazer	151
Oberärmel s. zweiteiliger Jackenärmel	
Oberhemd s. Herrenhemd	
Oberweite erweitern	107, 152,
Overall	226, 228, 230, 232

P

Passenabtrennung	
– Rock	11

239

	Seite
– Bluse	39, 42, 48, 56
– Kleid	92
– Hemd	67, 68
Polstererhöhung	151, 156–157, 158, 160
Prinzessnähte	82–83, 162–163
Pumphose ¾ lang	222

Q

Quetschfalten s. Falten

R

Raglan	
– Bluse	54–55, 56, 58
– Kleid	99, 103
– Jacke	168, 180, 188
„Reiterhose"	224
Revers	
– Bluse	44
– Hemd	68
Reverskonstruktion	144–145
– einreihig fallend	146
– zweireihig steigend	146
Rockgrundschnitt	3
Rüschen s. Volants	
Runder Tascheneingriff	27, 199
Runde Teilungsnähte s. Wiener Nähte	

S

Sakko s. Blazer	
Sattelabtrennung	
– Rock	5, 14
– Kleid	94
– Hose	199, 206, 214
Schalkragen	165, 167, 174, 230
Schößchen	95, 168
Schulterklappe	69
Schulterüberschneidung	42, 44, 68, 107, 152, 205, 215
Shorts	218
Sitzhöhe messen	192
Stehkragen	
– angeschnitten	118, 187
– gerade	51, 60, 89, 101
– in Form	40, 71, 172
Steigendes Revers	146
Stulpen	224

T

	Seite
Tabellen s. Maßtabellen	
Taftschnitt Blazer	140–141
Tasche	
– aufgesetzt	60, 68, 148, 199
– Eingriff	10, 27, 199, 220
– Seitennaht	210
Taschenbeutel	199, 203, 210
Teilungsnähte	
– Prinzess	82, 162
– Quer	160
– Wiener	84, 99, 154, 179, 182
Tunnelzug	103

U

Überschnittene Schulter s. Schulterüberschneidung	
Übertritt	222
– einreihig	146
– zweireihig	146, 157
Umstellung HM Bruch	99, 103, 107, 167, 177, 187
Unterärmel s. zweiteiliger Jackenärmel	

V

Verdeckte Knopfleiste s. Leiste	
Volants	19, 21, 23, 58–59

W

Wasserfall	219
Weste	221
Wickelbluse	215
Wickelrock	10, 13, 19
Wiener Nähte	84, 99, 154, 179, 182

Z

Zweireihige Verschlüsse	45, 146, 157, 159, 167, 171
Zweiteiliger Jackenärmel	138–139